SeaEagle

SeaEagle

詹姆斯・艾倫 James Allen 著
尹蕾 譯

思考的人

稻盛和夫推薦必讀

序言

天空是黑色的，四周一片死寂，大地在哭泣，空氣中瀰漫悲傷的氣息，這就是我們所處的世界。為什麼？怎麼會這樣？我努力尋找答案。我四處觀望，翻閱書籍，查閱字典，無從得知。最後，我沉思默想，發現造成這種情況的原因。透過我更深入細緻地觀察，發現一種療法。我發現一個法則，那就是愛。一種人生，順應愛之法則的人生；一個真理，被馴服的思維以及平靜、恭順之心的真理。

一直以來，都有一個夢想，那就是：要用我手中的筆，紙上的字，幫助生活在這片天空下的人們。無論男女老少，貧窮富貴，知識淵博還是才疏學淺，世故圓滑或是初出茅廬。從他們的體內挖掘所有成功、所有幸福、所有業績、所有真理的泉源。我一直追求這個夢想，多年以後，我終於實現自己的夢想。

今天，我鄭重地把這些文字奉獻於世，讓其治療人們的創傷、為人們帶來福音。這些文字

稻盛和夫推薦必讀

是一股清泉滋潤受傷的心田，是新鮮的氧氣注入稀薄的空氣。我相信，可以讓悲傷的臉上露出燦爛的笑容。

目錄

一第二篇一 興盛之路

思考的人

第三篇 命運的主宰

第四篇 平靜之道

一第五篇一 理想的王國

第一篇

做一個思想者

思考的人

思考與性格

有一句箴言是這樣說的：「一個人進行思考的時候，他就因此而存在。」這句箴言不僅概括一個人的存在意義，還包含一個人生活的環境和條件，換一句簡單的話說就是：一個人是透過思考而存在和挺立起來的，他的性格是其思維的總和。

我們的行為就像一棵植物，我們的思想如同培育植物的種子一般，我們的行為都是由其思想支配的，行為的發生離不開思維。這不僅表示那些精心策劃實施的行為受到人們的思維支配，那些被稱為「自發性的」和「無意的」行為也同樣適用。

如果思考可以盛開一朵行為的花，它結出的果實就是快樂或痛苦。於是，我們每天都會收穫自己的思維培植出來的果實，快樂的果實甜蜜誘人，痛苦的果實苦澀難嚥。

因為人類會思考，所以我們才可以在這個世界上生存，可以說是思考造就了我們。如果一個人心存惡念，痛苦就會緊緊地跟隨他，如同人類身後的影子一樣，寸步不離地跟著他……

如果一個人具備純潔高尚的思想，快樂將會永遠伴其左右，如影隨形，寸步不離。

人類的成長不是完全依靠技巧的，而是有規律可循的。在思維的世界裡，因與果也是公平的，是絕對的，沒有絲毫的折扣。就像我們看到的那樣：高貴的品格不是上帝的眷顧，也不是機會偶然的恩賜，而是人類長期以來用正確而神聖的思考換來的一種自然結果，是經歷各種磨難、積極進取的結果。同樣地，我們見到某些卑賤下流的性格也非一朝一夕就形成了，而是骯髒的思想長年累月佔據靈魂的結果。

人們可以重生，當然也可以自取滅亡。透過思維的兵工廠，人們鍛造各種武器，有些可以為自己帶來快樂，讓自己強大，或是調配平靜溫和的藥水，同時也打造一些自我毀滅的武器，含有劇毒的藥丸。如果選擇用正確誠實的思維來指導自己的行為，就像選用正確的裝備武裝自己，強大自己，逐漸地邁向美好，邁向成功。錯誤的思想如同毒藥，荼毒著靈魂，使人們淪為傀儡，行屍走肉。這兩個極端之間，有各種不同層次的性格，人們正是這些性格的主人。

人們追求美麗靈魂的真相，想要揭開它神秘的面紗，迄今為止，所有的證據都證明——人們就是思維的主人，用思考塑造性格，造就了我們生存的環境和命運。這真是一個讓人振奮的發現。

你擁有智慧的頭腦，愛的化身，思想的力量，你是自己的主宰者。你手握魔法棒，可以轉

思考的人

變、可以重塑。你想要成為什麼？你變成什麼？因為你擁有的力量是偉大的，可以幫助你成為理想中的自己。

人們可以掌控自己的命運，即使處於虛弱、感到孤獨的時候，依舊是主人，永遠掌控自己的人生。愚蠢的主人是對自己的「家業」缺乏管理，或是經營不善，必定會把自己置於孤獨惶恐中。假如他可以保持清醒，開始認真地審視自己，在困境中反省，重新尋找生命的意義，就可以成為一個聰明機智的主人。學會用智慧來引導自己的思想，把全部的精力投入到充滿希望的事業上，才是一個清醒的主人應該做的。想要成為這樣的主人，就要學會在自身的思想中尋找可以依循的法則。學習的過程是艱辛的，必須經歷實踐探索、自我分析、困難波折。

如果想要得到寶藏，翹首等待是不可能的，一定要經歷不懈的搜尋和挖掘。如果一個人可以像探勘者一樣，在自己靈魂的礦山深處不斷開採，就可以發現所有與自己的存在有關聯的真理。他會發現是他自己塑造自己的性格，塑造自己的生活，也塑造自己的命運。他可以證明：只要自己願意仔細觀察、嚴格控制、善於改變自己的思想，同時認真思考自己的思想對於自己和別人產生的深刻影響，以及對自己的生活和生存環境的巨大作用，就可以透過大量的實踐和調查與事情產生的原因與結果聯繫起來；利用生命中發生的每件事情，走過的每個腳印，就算是生活中微不足道的點滴，都讓它們成為教材，獲取知識，同時也獲取理解、智慧、權力。人們經常說：「不尋找的人不會發現，不敲門的人不會進門。」只有那些擁有不懈的耐心，永遠不停止追求步伐的人，才可以找到幸福的殿堂。

思考決定環境

人們的頭腦就像一座花園，可以滿園春色，也可以雜草叢生。無論是精心照料，細心呵護，還是棄之不顧，置之不理，花園裡都會長出嫩芽，區別是：如果沒有播撒有用的種子，花園就會被不斷蔓延的野草覆蓋。

園丁用勤勞的雙手悉心照料自己的花園，必須不停地拔掉土裡冒出的雜草，以便有更多的營養培育出鮮豔的花朵和甜美的果實。人們也在精心地照料自己頭腦裡的那片花園，不停地除去錯誤、無用、骯髒的思想，不間斷地清掃花園，讓正確、有用、純潔的思想扎根。在這個過程中，人們慢慢發現，自己是花園的主人，也是園丁；是生活的編劇，也是導演。透過自己，人們找到思想的法則，並且清楚地瞭解到思考具備的強大力量，認識到腦海中的各種元素，以及它們如何對自己產生指引作用，因此也造就了自己的性格和命運。

一個人的思想和他的性格是一個共同體，因為性格必須透過它周圍的環境表現出來，因此一個人生活的外部條件與他內心的世界有密不可分的關係。這不是表示一個人的性格在任何時候、任何情況下都可以完全表現出來，而是表示環境因素與思維上的一些關鍵成分之間有千絲萬縷的關係，在某些特定時期，環境因素在很大的程度上影響一個人的發展。

根深蒂固的思想扎入一個人的性格中，正是這種思想，帶領他處於現在的位置上，所以說處在什麼位置，都是由他自己的存在決定的。在命運的旅途中，沒有投機取巧，也沒有天賜良機。發生的一切，起起落落，是沉是浮，都是法則和規律下的產物。對生存的環境非常滿意的人，或是那些覺得自己與周圍的環境「格格不入」的人，無論是哪種人，終究無法逃脫這種規律、這種法則。

一個追求進步、謀求發展的生命，不會永遠原地踏步，也不可能徘徊不前。他會不斷地學習，在學習中成長。他透過學習，透過努力，獲取更多的精神食糧以後，他所處的環境也會隨之改變，進入另一個階段。

你以為是外部的各種環境創造自己，就會對它俯首稱臣，最終淪為它的奴隸，它也可以對你為所欲為。但是，一個人認識到自己具有偉大的創造力，可以主宰自己的生命，外界環境從他存在的土壤中發芽、長大、成熟，他的命運才可以掌握在自己的手中。

如果你曾經嘗試控制自己，或是提升自己，你一定知道自己的思維可以造成各種環境的形

思考的人

成，因為：你在重新塑造自己的過程中，你會發現，內心世界和外部環境之間有緊密的聯繫。也就是說，你的內心世界發生變化的時候，你周圍的環境也會發生變化。一個人清楚地看到自己性格中的缺陷，並且非常渴望修正的時候，他的思維會隨時提醒他不斷完善自我。在他取得傲人成績的同時，也必然經歷坎坷與成功。

靈魂就像一個巨大容器，可以吸收不同的事物，有秘密珍藏的，也有恐怖駭人的。靈魂可以實現自己夢寐以求的理想，卻也有可能淪陷，墜入不純潔的欲望中，環境正是靈魂通往自己歸路的途徑。

美麗的思想會結出美麗的果實，醜陋的思想會孕育醜陋的果實。每一粒思想的種子，無論是刻意或是偶然地播撒，都會就地生根、發芽、開花、結果。如果它採取行動，就必定會遇到機會、創造環境，這就是它結出的果實。

無論是在一帆風順的平坦大道，還是在蜿蜒曲折的鄉間小路，每個人都是自己播種，自己耕耘，自己收穫。每個人的成熟，都經歷了痛苦和快樂，逆境和順境。外部世界的形態，是隨著內心思想的改變而進行調整。

人們珍藏著內心最深處的欲望、理想、思維，所有這些念頭霸佔他們全部的靈魂（可能是追求不純潔的隨心所欲，或是堅定不移地探索理想之路），因此最終形成自己生命裡表現出來的外部形象，一個成熟而完整的形象。生長與成熟的法則，適用於任何地方。

人們在出生的時候，就有了靈魂。靈魂在其成長的道路上，會引導各種外部環境的形成。外部環境又揭示靈魂的本尊，具體地反映靈魂的真實面目。環境的作用只是揭示人類的本性，無法造就一個人。某些卑鄙的思想和下流的欲望，會使人們墮入犯罪的深淵，進而淪落，了卻殘生或是深陷囹圄，但是外部的任何壓力無法使一個思想純潔的人屈服。犯罪的意念會悄悄地在內心孕育滋長，難以察覺，累積到一定程度的時候，就會突然爆發。也就是說，沒有邪惡的意念，就不會使人們陷入罪惡的深淵，並且承受隨之而來的折磨。同樣地，只要堅持不懈地追求理想，就可以步入高尚的行列，享受簡單純潔的幸福。因此，人類，作為思想的主人和支配者，是自身的製造者，是環境的塑造者。

每個人都有思想和願望，有些純潔美好，有些卑鄙骯髒。他們的每個思想和願望都有可能遭遇各種挫折，但是這些思想和願望卻依然在生長。純潔美好的思想，會讓人們得到美好的事物；卑鄙骯髒的思想，會將人們囚禁和捆綁。無論是哪種，都是人類自身的本能，無關任何神鬼之說。也就是說，我們才是自己思想的主宰者，可以束縛我們的只有我們自己。這不是表示我們每天想著、念著、祈禱著，就可以得到自己想要的，而是我們的思想與行動一致的時候，我們才可以得到，而且是應該得到，是我們自身具備的本能使我們得到。

思考的人

明白這個道理以後，我們就可以明白「與環境抗爭」的意思：我們要抵抗來自外部的各種壓力，同時也要堅定自己內心的期望，並且不斷修正自己的思想，不被外部環境影響。只有這樣，我們才可以實現內心的期望。

在我們的周圍，有很多這樣的人：熱衷於改善自己的環境，很少願意去改變自己。他們的生活沒有明顯地改變，總是被束縛在原地。然而，有些人卻喜歡不斷思考，不斷審視自己、調整自己，勇於挑戰自我，最終可以實現自己的理想。這個道理其實非常簡單：就算我們只有一個目標——獲得更多的錢財，在實現這個目標以前也要做好心理準備，隨時都有可能付出巨大的代價。幸福美滿的人生，說起來容易，真正想要得到，誰也不知道要付出多少辛苦、多大代價！

例如：有一個窮人，他的生活非常困苦。他迫切地想要提高自己的生活水準，希望有舒適的房子，有豪華的車子。可是他不願意面對自己的生活，總是在抱怨老闆太苛刻、薪水太少、房價太高、壓力太大。年復一年，日復一日，他的生活還是沒有得到任何改善，因為他不明白勤勞致富的道理——想要獲得財富，就要付出努力。他放縱自己懶惰，自欺欺人，不斷抱怨。這樣的人怎麼可能富裕？

又例如：有一個富人特別貪吃，每天山珍海味，長期下來，身體吃垮了。一些疾病相伴而來，他很痛苦。怎麼辦？他打針吃藥，願意花很多錢上醫院，卻不願意改正貪吃的毛病。他想要一個健康的身體，也想要過著酒肉穿腸的日子。可是結果怎麼樣？錢花光了，健康也沒有了。為什麼？因為他不瞭解養生之道，不知道健康的身體也要付出代價。

再例如：有一個非常刻薄的老闆，為了獲得更多的利益，想盡辦法剋扣工人的薪水。這樣的人永遠無法成為富翁，因為他沒有把心思放在事業上，而是每天以卑鄙下流的手段來剝削工人。他註定是失敗的，這些骯髒手段被揭露的時候，他一無所有。他不反省自己，不檢討自己，不認為自己有什麼不對，而是抱怨上天不眷戀他。

那麼多的例子，只是要證明一個道理，那就是：我們所處的環境，其實是我們自己製造的（可能很多時候，我們自己沒有意識到）。如果一個人有一個非常純潔的理想，在實現這個理想的時候，如果他的思想不正確，內心不單純，就等於為自己的理想製造障礙，他會非常矛盾。只要我們靜下心來，仔細審視自己，不難發現，我們頭腦裡的一些想法和生活中的一些行為就像這個道理一樣。頭腦裡的想法和生活中的行為都受到思想的作用。單純的外部環境無法說明全部，也不是事實的根本。

人們所處的外部環境複雜多變，思想又埋藏於他們的內心深處，而且他們對幸福的定義不盡相同，所以我們無法從一個人的生活環境和他擁有的財富作為評價他全部靈魂的標準。有些

思考的人

人可能在某些方面是誠實的，但是他們的生活卻不富裕，也可能很貧窮；有些不誠實的人，卻擁有很多金錢，過著富裕的生活。一般來說，人們會把「失敗的人」歸結於思想單純的頭腦，「成功的人」是因為狡猾奸詐的本性。事實上，這個說法太膚淺，太武斷。難道不誠實的人就沒有可取之處？誠實的人就是毫無瑕疵？前者就是卑鄙下流的，後者就是純潔高尚的？如果我們可以用更深刻的知識和更廣泛的經驗作為推理的出發點，就會發現這樣的結論是錯誤的。因為不誠實的人可能在某些方面也有可取之處，這些可能是誠實的人沒有的優秀品格。

在人們的認知中，還存在一個誤解，那就是：一個人遭受折磨，是因為他具有某些優良的品格。一個人只有把內心所有不健康的思想和欲望清除乾淨，保持純淨的靈魂，不受貪婪的欲望支配，不被下流的思想控制，才可以到達那種崇高的境界，才可以避免所謂的不幸。在他試圖到達那種崇高境界的過程中，他會發現在自己的生活中，偉大的法則無處不在。生活的法則是絕對公平的，終究會善有善報，惡有惡報。我們有這個認知，再回頭看自己走過的路，會發現曾經盲目的自己和無知的自己。

播什麼樣的種，結什麼樣的果。只要思想高尚、行為正直，就不會有惡報。思想卑鄙、行為齷齪的人，不可能有善果。我們明白這個道理，但是真正可以把這個道理用在精神和道德世界中的人很少。因為我們把它想得太複雜，其實它的運作非常簡單，就像自然界中一樣。這也是為什麼許多人無法妥善處理事情的原因，因為他們不懂得把這個簡單的原則運用到自己的生活中。

有些人為什麼會遭受痛苦，正是因為他們錯誤的想法。其實，是他們的思想和行為產生衝突，就會感到痛苦。這樣也有好處，他們會去思考，找出衝突點，然後做出選擇。在思想中，正義的一面會戰勝邪惡的一面。對於一個思想高尚的人來說，他不會有痛苦，也不會被這種衝突的心理折磨。這就像錘鍊黃金，它已經毫無雜質，就算再用烈火，對它也沒有作用。一個思想純潔、道德高尚、看透世事的人，是和痛苦絕緣的。

如果我們的腦海裡存在很多不和諧的音符，我們就會掉入不幸的行列。如果一個人的精神得到滿足，他就會覺得生活很幸福。確切地說，幸福不是純物質化的佔有，它關係著我們的精神生活是否達到我們需要的程度，就像有時候我們會抱怨生活太壓抑，這是因為我們對生活的態度出現問題，不是我們的物質有多麼困乏。一個被很多人咒罵的人，也有可能登上富豪排行榜。還有一些人，他們的身邊有朋友、親人、愛人，但是他們還在為三餐奔波，過著節省的生活。想要擁有物質和精神都富足的生活，就要有積極的生活態度和健康的思想品格。物質上貧窮不可怕，可怕的是一個人貧窮的時候，就會失去積極的生活態度，認為自己的貧窮是命運的不公平。他不斷同情自己，放縱自己，他的人生是一部真正的悲劇。

思考的人

整日花天酒地、奢侈糜亂，或是一貧如洗、家徒四壁，這些都是精神生活困乏的結果。這兩種極端的生活方式都是不正常的，違反自然法則。只有生活幸福、身體健康，我們才可以找到自己正確的位置。真正的幸福不是單一的，而是健康的身體、富足的生活共同組成的，內心世界與外部環境相互協調、和諧統一的結果。

一個理智的人，不會把時間浪費在抱怨上，他會確定自己內心想要的生活，停止無謂的咒罵。沉靜內心，思考哪些因素會約束自己內心的期望。他真正瞭解以後，就不會把責任推卸到別人身上，而是認真對待可以影響自己生活的每個細節。他也會在這種思索中不斷地強大，成熟穩重。這樣一來，他才可以讓環境為他所用，挖掘環境中對自己有利的因素，進而實現自己期望的目標。

社會就像一部舞台劇，扮演主角的肯定是秩序，混亂只是劇情中的需要，適當的陪襯。公平是生命的精神與實質，而不是偏頗。雖然一些人的精神中有腐敗的現象，但是多數人的精神還是公平的，也就是說，公平佔據主導地位。在我們的周圍，經常有腐敗的事情，但只是少數。只有精神中公平的一面戰勝腐敗，我們才可以用正確的思想去發現宇宙的奧妙。人們在努力扮演自己角色的同時，就會發現：自己對劇本的認識發生變化的時候，劇情也在發生相應的改變。

我們可以在每個人的身上發現這種現象，也可以在自己的身上找到。前提是：我們要客觀地看待自己，系統地自我反省和自我分析。假如讓一個人迅速地改變自己的想法，最終他會驚訝於自己內心的改變而引起的物質生活條件的變化。人們總是以為思想隱藏在每個人的腦海裡，很難察覺它的變化，以瞭解這個人的本質。這樣想就錯了，因為思想會控制一個人的行為，時間久了，行為就會成為一種習慣。為什麼？舉例說明：一個人的思想是卑賤的、不求上進的，就會容易養成吃喝嫖賭的習慣，這些習慣會給他帶來什麼樣的環境？那就是壓抑與疾病。一個人的頭腦裡充滿骯髒的思想，他的行為習慣就是迷亂不堪、空洞乏力的，造就的環境也是坎坷波折、痛苦茫然的。一個懶惰的人會養成不喜歡整理的習慣，進而導致自己生活在骯髒的環境中。一個經常詛咒別人、懷有滿腔仇恨的人，容易養成喜歡暴力的習慣，進而形成傷害和迫害的環境。相反地，美麗的思想會開出優雅的花朵，結出仁慈的習慣，這些習慣會使我們心情舒暢，與人為善，生活也必定是多姿多采。擁有純潔思想的人，習慣控制自我，習慣安靜思考，他的生活是一幅寧靜和諧的畫作。通常人們所說的男子漢，擁有勇敢、自信、果斷的思想，這些思想會幫助他走向成功，過著富裕的生活。勤奮的習慣源於勤儉的思想，進而形成愉快清爽的環境。寬容的思想會導致溫柔的習慣，進而形成安全的環境。博愛的思想會形成無私的習慣，進而形成充滿安全可靠的繁榮與富足的精神世界。

思考的人

特別的愛好，對某些事物的迷戀，無論好與壞，都會在一定程度上影響我們性格的形成。就像我們不可能隨心所欲地選擇自己所處的環境，但是我們可以選擇自己的思想，進而間接地塑造自己希望的環境。

正確的思想就像燈塔，為你的航程指引方向，燈光會照亮你的內心，避免黑暗帶來的恐懼，以最快的速度，完成你的理想之旅。

一個人願意真誠地面對自己，拋棄內心所有罪惡的念頭，人們就會重新接受他、幫助他，清新的空氣會淨化他的靈魂，使他得以重生。在他往後的人生道路上，機會將會隨時眷顧他，幫助他堅定自己的決心，踏入充滿陽光的征程。世界上成千上萬種色彩，隨你組合，隨你調配，畫出你神秘的思想之圖。

在心中種下一粒叫做「願望」的種子，
它一定會成為一棵參天大樹，
只有懶惰無知的人，才會讓內心成為荒蕪之地。
健康的精神被賦予隱形的翅膀，
在愛的世界中自由飛翔。
她控制時間，征服空間；

她降服機會，並且掀開它虛偽的面紗；
她奴役環境，並且馴服它的狂暴。
願望的種子，有無窮的力量，
永恆的靈魂用乳汁哺育它長大，
它握著智慧的寶劍，披荊斬棘，
走過坎坷的道路，渡過苦難的河流。
它在等待中忍受寂寞，
它學會安靜，懂得什麼是耐心；
它在凱旋的時候起舞，
它一聲號令，驚天動地。

思想決定身體的健康

思想是身體的主人，就像木偶手中的線，控制它的每個動作，無論想法是有意的或是無意的。身體承受罪惡思想的壓力，就會被疾病纏繞，被痛苦跟隨。美好的思想會愉快地指揮身體，身體也會充滿青春的活力。

疾病與健康都像環境一樣，深深扎根在你的思想中。也許你會問，一個人的思想是否有缺陷？很多時候，思想上的缺陷會表現在疾病包裹的身體上，我們都知道，恐怖的思想就像一個職業殺手，殺人於無形。事實也是如此，這些想法會隨時折磨一個人，食不知味，夜不能寐，直至病入膏肓。整日生活在對疾病的恐懼中，這種人的心理也是不健康的。焦慮和惶恐會迅速侵蝕身體的銳氣，進而使疾病的細菌侵入身體。不純潔的思想會破壞一個人的神經系統，干擾它的正常運作，即使這些想法並未變成實際行動。

如果一個人的思想是堅強、純潔、快樂的，就會有一個強健的體魄，身體洋溢著青春的魅力。我們的身體是一個精緻可塑的器具，思想的變化會迅速反映到身體上。長期以來形成的慣性思維，會直接影響身體的好壞。

如果一個人的思想不純潔，就像身體裡吸收變質的牛奶，讓人全身無力，噁心嘔吐。純淨的思想就像聖潔的哈達，帶來單純的生活和健康的身體；骯髒的思想會導致生活糜爛，身體散發惡臭。如果行為和生活的表現都是支流，思想就是它們的源頭，而且源頭一定要乾淨安全，才會有乾淨純潔的甜蜜生活。

習慣是思想培養出來的孩子，純淨的思想就像一個好媽媽，她的孩子也是純潔的。只要思想是純潔而堅強的，邪惡的細菌就會無處藏身。

如果可以保持思想的高度純潔，擁有完美無缺的身體就不是一件難事。如果你隨時都在美化自己的思想，你的身體就會以嶄新的面貌出現。如果邪惡、嫉妒、失望、沮喪的想法充斥著你的腦海裡，你的身體曾經擁有的健康與優雅就會銷聲匿跡。憔悴的面容不是偶然形成的，那是長期不愉快的思想造成的。愚蠢、狂熱、傲慢的思想會破壞你美麗的容顏，印上醜陋的疤痕。

舞台上那個翩翩起舞的身姿，那張純潔的臉龐，那雙迷人的眼眸，她其實已經當上祖母了；路邊台階上那個唉聲歎氣、滿臉滄桑的男人，或許尚未到娶妻之年。那是因為：前者性格

思考的人

熱情，後者有一顆長期躁動而不知足的心。

如果房間沒有清新的空氣，窗台沒有陽光的照耀，就不能稱為一個溫暖健康的家。同樣地，一個身體強壯的人，需要寧靜的心靈、堅強的性格、美好的願望。

隨著年齡的增長，皺紋會在我們的臉上刻下許多歲月的痕跡。老人們的臉上布滿皺紋，有仁慈的思想留下的，有堅強的思想留下的，也有純潔的思想留下的，曾經的年少癡狂也會在他們的臉上刻下一條紀念線。每個人的皺紋都可以從生活中區分。一個人認真地對待生活、對待人生，就算老了也是安詳的，就像晚霞中的夕陽，散發柔和獨特的光彩。曾經有一位哲學家，人們在他的身上看不到任何老態，直到他走到生命的盡頭。

保持愉悅的心情、樂觀的思想，可以驅走附在身體上的病魔。收穫美好的祝福可以趕走哀傷，擁有簡單的幸福可以撫平傷痛。把自己長期沉浸在猜疑、嫉妒、貪婪的欲望中，就像每天在喝有毒的飲料。但是如果可以認真地思考，以樂觀的態度對待，用善良溫和的心靈去發現周圍所有的美好，這種思想就可以帶我們找到天堂的入口。只有心中滿懷平和的思想，才可以擁有永恆安寧的生活。

思想與目的

想要收穫智慧的果實，就要把思想和目的捆綁在一起。世界上有很多人，在他們的生命裡，任由思想天馬行空，四處飄蕩，他們的思想沒有歸宿。如果沒有目的，盲目地行走，只會讓你在生命的旅途中迷失方向，直至困死其中。如果你不希望發生這樣的悲劇，就要停止你的漫無目的。

如果一個人的目標不明確，憂慮、恐懼、煩惱、自憐的情緒就會像細菌一樣，不斷地侵蝕他。這些情緒都有軟弱的成分，是懦弱的表現，讓人們無法避免地犯錯（只是方式不同），最終與失敗和不幸為伍。這是一個弱肉強食的世界，軟弱不是保護傘，而是強者嘴中的口糧。

每個人都應該為自己設定一個合理的目標，讓這個目標成為自己思想的中心點，並且圍繞著這個目標努力。這個目標可以是精神上的追求，也可以是物質上的享受，無論是哪一種，都由自己當時的本性來決定。想要實現這個目標，就要把所有的思想和力量，全部投入到自己設

思考的人

定的目標上。把自己的目標當作至高無上的義務、必須圓滿完成的任務，竭盡全力為它奮鬥，不允許短暫的幻想影響自己的思想。只有這樣，自己的思想才可以集中，才可以成功控制自己。就算在奮鬥的道路上跌倒（這是克服軟弱的道路上必須經歷的，也是非常正常的），但是性格中的堅強會使我們越挫越勇，這正是我們走向成功的籌碼。實現目前的目標以後，就會成為今後更偉大的目標的起點。

如果你還沒有做好實現一個偉大目標的準備，先為自己設定一個比較容易的目標，並且一定要實現它，無論這個目標多麼渺小。只有透過這種方式，你的思想才可以集中，果斷的性格和充沛的精力才可以逐漸地發展。具備所有因素以後，一切就會水到渠成。

我們的靈魂不是絕對軟弱的，只要找出隱藏在靈魂中的弱點，透過不斷地努力與反覆的實踐，就可以獲得強大的力量，靈魂也會變得更堅強。如果我們可以堅信這個事實，並且把它付諸於行動，透過堅持不懈地努力來增強自己的力量，讓堅忍不拔的耐力幫助自己的靈魂變得成熟，最終就會成為一個強而有力的人。

精心調養、持久鍛鍊，可以讓體質虛弱的人身強力壯；同樣的道理，脆弱的內心透過正確思想的千錘百鍊，也可以變得堅強。

如果想要加入強者的隊伍，成為他們之中的一員，就要脫去膽怯無能、懶惰散漫的外衣，明確自己人生奮鬥的目標。真正的強者不會有絲毫的畏懼，他們會善用有利的條件化解困難，用清晰的思維努力思考，用無所畏懼的心不斷挑戰，成功也會張開雙臂在前方等待他們。

擁有明確的奮鬥目標，就不會在搖擺中徘徊，在花草中流連，要在心中為自己鋪設一條直達成功的道路。握住手中的方向盤，朝著正確的方向行駛，不要害怕，不要懷疑，不要讓心中的雜念影響你的旅途，影響你對方向的準確判斷。所有行駛中的疑慮和恐懼的想法，都有可能扭曲你的方向，讓你偏離正確的軌道。懷疑、膽怯、恐懼會像病菌，侵蝕堅強的思想，破壞目標，使精力和行動付之東流。

我們知道自己想要做什麼的時候，我們的血液才會澎湃，才會渴望行動。疑慮與恐懼是我們最大的絆腳石，它們會阻礙我們瞭解自己。如果我們任由心中的疑惑逐漸放大，任由恐懼佔據心靈，就是在成功的道路上為自己設置各種障礙，擾亂自己的視線，牽制自己跨出的每個腳步。

排除疑慮、消除恐懼的人，就不會成為失敗的人。堅強的力量，武裝我們的每個思想，我們可以用坦然無畏的內心面對所有的挫折，用充滿智慧的頭腦解決問題。我們的目標就像一顆生命力極強的種子，深深地埋在心裡，無論經歷多麼惡劣的環境，它依然傲然挺立，不會向暴風雪低頭折腰，舉旗投降。

思考的人

思想與目標和諧一致的時候，就可以擁有偉大的創造力量。真正明白這一點的時候，思想就不會猶豫不決，在前進的道路上也不會舉棋不定，而是會做好所有成為高尚強壯之人的準備。做到這一點，你就是自己精神世界的主人，可以明智地使用自己的精神力量。

成功中的思考因素

一個人的思想可以直接作用於他最後的結果，是得到還是失去，是成功還是失敗。這是一場公平的比賽，不守規矩就會被判出局，我們必須對比賽結果負責。怯懦還是勇敢，前進還是後退，面對還是逃避，都是我們自己決定，局外人只是觀眾，可以改變局面的只有自己。我們面臨的賽事、經歷的賽程也是自己的，最後結局是贏是輸，也是掌握在自己的手裡。

任何人都無法改變懦弱的你，除非你自己渴望被改變，甘願接受改變。也就是說，可以改變你的人，只有你自己。你必須依靠自己不斷地努力，吸收各種可以使自己強大的力量，那些你沒有的偉大力量。你處在什麼樣的環境裡，除了你自己，沒有人可以幫你改變。

也許很多人會在心裡這樣說：「之所以淪為奴隸，是因為有剝削者的存在，奴隸是值得同情的，剝削者才是萬惡之源。」但是現在越來越多的人開始懷疑這個想法，試圖推翻這個論斷，他們的觀點正好相反，他們說：「正是因為有那麼多的人甘願成為奴隸，才會萌生出剝削，我們應該鄙視奴隸。」實際上，剝削者與被剝削者都沒有錯，只是他們還是處於一種蒙昧的狀態。表面上看，剝削者在欺壓被剝削者，被剝削者的不服從也在煩惱剝削者，但是事實上，他們都是在自我折磨。一個真正有智慧的人，可以看出事態的本質在於剝削者權利的濫用和被剝削者軟弱的奴性；一個真正有仁愛的人，不會刻薄地責罵他們，因為在他的眼中，可以看到他們內心經歷的各種煎熬；一個真正有同情心的人，會張開雙臂擁抱他們，關心他們，安撫他們。

如果剝削者可以摒棄自私、胸懷無私，如果奴隸可以克服軟弱、昂首挺胸，他們都可以成為一個自由者。

一個人想要站得高，站得穩，取得非凡的成就，首先要使自己的思想昇華。

一個人如果拒絕提高自己的思想，就會永遠處於怯懦、悲觀、絕望的境地。

一個人如果不願意正確面對自己的思想，保留獸性、奴性的低級趣味，就不可能有任何的成就，即使是非常簡單的要求也無法獲得滿足。想要收穫成功的喜悅，不一定要否定真實的自己，放棄自身的本性，但是至少要拋棄其中的一部分。獸性的思想會干擾一個人正常清晰的思維，奴性的思想會使有條理的工作變得麻木。他無法挖掘自身存在的潛能，也無法使其得以發展，總是遭遇挫折和失敗。他無法像正常的人一樣控制自己的思想，任何事情到他的手上就會失去控制，他無法承擔嚴肅的責任，無法獨立完成任務，因為他思想中的奴性已經束縛他的思維，束縛他的行為。

一個人如果已經在某地休息很久，不願意丟棄壓在身上的沉重包袱，就會永遠停留在原地等待。拋棄汙濁的獸性和低級的奴性，都包含在衡量一個人獲得的世俗成功的標準中。他會全心投入到自己的計畫中，提高自身的獨立性，增強自己的決斷力，全力以赴地完成自己的計畫。高尚的思想使他堅不可摧，成功也會成為他勢在必得的囊中之物。

貪婪者、虛偽者、惡毒者，最終都會得到應有的懲罰，也許還沒有，只是因為還沒有到最終。誠實守信之人、胸懷寬廣之人、品格高尚之人，最終會收穫自己應得的甘甜蜜棗。在歷史齒輪中壓過的每個痕跡裡，都以各種的形式證實這一點。想要成為像偉大導師一樣的人，就要以正確的思想做指導，使自己越來越高尚。

渴求知識，吸收知識，不斷探索生命的奧秘，自然界的神奇會使我們增長知識、增添智慧、獲得成就。儘管有時候這些成績似乎和我們的虛榮心和野心有關，但是虛榮心和野心不是直接導致成功的直接因素，而是透過長期堅持不懈地努力、不斷提高自己思想的自然收穫。

理想被實現的時候，精神上會獲得強大的滿足。懷有崇高思想的人、心地純潔和無私的人會養成明智而高貴的品格，可以昇華至高尚的位置。這一點是可以肯定的，就像太陽會達到最

思考的人

高點，月亮會有滿盈的時刻一樣。

無論是哪種形式上的成功，都是因為擁有正確的思想做指導。一個人可以在自我控制的過程中，透過積極地思考得到昇華，形成果斷的性格、純潔的心靈；相反地，一個人如果思維混亂、思想骯髒、行為猥瑣，墮落是其必然的結果。

有些人可能擁有巨大的物質財富，他們的精神世界也是純潔高尚的，但是如果他們在這個時候自我鬆懈，任由自私的思想侵蝕自己的頭腦，傲慢的態度對待自己的生活，就會被打入軟弱或悲慘的地牢中。

因為正確的思想而最終獲得的勝利，必須謹慎地看護。很多人在取得成功以後懈怠放鬆，他們很快就會再次失敗。

事業上的成功，內涵上的提升，或是精神世界上的滿足，這些成就都是源自一個明確的目標，是在有目的的思想下的結果。它們的道理和運行方法是相同的，但是它們努力的目標不同，方向不同。

如果沒有在耕地裡插下秧苗，就不會有金色的稻子；沒有在腦海裡埋下思想的種子，就不會有各種的行為。思想會開出行為的花，結出歡樂與悲傷的果，也就是說，思想決定最終收穫的果實。

一個人想要收穫什麼樣的果實，取決於播下什麼樣的種子，這就是種瓜得瓜，種豆得豆的道理。

構思與理想

夢想可以拯救世界。既然有形的世界是依靠無形的世界支撐，我們心中的夢想在自己的人生中就有非常大的作用。夢想與生活是一體的，我們要相信它可以成為現實。

未來的世界是怎樣的？誰來構造？誰來搭建？小時候，老師會問我們長大以後要做什麼。有多少人還記得當時的回答？作曲家、雕塑家、畫家、預言家、哲學家、詩人……正是這些存有夢想的人們，是他們為這個世界塗上絢麗的色彩。如果沒有他們，我們的人生將是黑白的。

內心懷有崇高理想又具有遠見卓識的人，最終可以把自己的理想變為現實。在哥倫布（克里斯多福．哥倫布，義大利航海家）發現另一個新大陸之前，在他的內心深處，已經構思出這個新大陸，隨後他發現它；哥白尼（尼古拉．哥白尼，波蘭天文學家、現代天文學創始人，提出日心說）構思出太陽中心說，隨後他向人們闡述這個學說；釋迦牟尼構思出一個一塵不染、寧靜平和的精神世界，最終他進入這個世界。

開始吧，用你的思維做筆，描繪你的理想之圖。不要忘記替心靈澆水，灌溉這朵美麗之花，用愛培育出純真的果實。它們可以在你的人生道路上排除坎坷，讓你沐浴在陽光明媚的春天。用你最真誠的心呵護它們，你的世界將會成為一幅畫，一幅鳥語花香、灑滿陽光的生命之畫。

付出遇到收穫，追求遇到成就的時候，我們就會明白：只要心存願望，就會滿足；只要胸懷夢想，就會成真。相信自己！相信自己心中那份至純至愛的追求。

你的夢想是什麼？科學家？詩人？你在想什麼？你所想的，正是你對將來某天的承諾，懷揣這份夢想，不放棄，不拋棄，它將是你未來的寫照。

沒有人一開始就有那麼大的成就，所有的光環在最初的時刻，只是一個小點。展翅飛翔的雄鷹，也是從蛋中破殼而出；參天大樹曾經是一粒樹籽，埋在土壤中等待發芽。夢想，就是幼苗，播於內心，成於現實。

或許你現在的生活不如意，停止你的沮喪，在內心播下希望的種子，用你的全部精力去培育它，我相信過不了多久，你會欣喜地看到自己的處境發生變化。一定要記住，沒有理想的人不懂得奮鬥，不可能有夢想成真的一天。

以下，我想要說一個故事：

思考的人

很久以前，有一個年輕人，出生在一個非常貧窮的家庭。他沒有錢念書，長大以後，只能依靠出賣體力獲取微薄的收入。他沒有抱怨上天，也沒有放縱自己。他想到用知識武裝自己，想到要成為一個有為青年。他在內心勾畫著美麗的未來，這種畫面促使他不斷努力。於是，在工作之餘，他疲倦的身體因為美好的夢想而充滿活力。他開始學習，吸收各種知識，不斷充實自己，提升自己，挑戰自己。

很快地，他改頭換面，他的思想長出翅膀，貧窮的環境再也無法束縛他。他身體的每個細胞都在爆發，都在吶喊。加油！努力的口號陪伴著他。他做好所有的準備，隨時等待機會。

果然，機會是給有準備的人。幾年以後，他再次站在人們面前的時候，人們看到的是一位全身散發魅力的成功人士。他內心的強大讓我看到思想的力量，他正是利用這種力量來實現自己的理想。

一個人肩膀上的負擔變重了，自身也會更有分量，可以承擔的責任也會更大。他可以充滿自信地把自己介紹給世人，也可以驕傲地告訴人們，自己擁有財富。人們毫不吝嗇地為他鼓掌，為他喝采。傾聽他的故事，牢記他的思想，從中反省自己，重新塑造自己的品格。人們以他為榜樣，他的精神感染很多人，改變很多人的命運。因為他堅持自己的理想，並且努力實現它，這就是成功之道，人們需要這種有遠大抱負的人。

同樣地，你也可以做到！拋開懶惰的思想，努力實現內心的願望吧！也許你的理想不純潔，也許你的理想很高尚，無論好壞，只要你願意，只要你堅持，把所有的心思都用在它們之上，你一定會成功。這裡所說的成功，是指你得到自己內心所想的，不多不少，不偏不倚。也就是說，無論你現在是什麼，擁有什麼，你的行為都會被你的思想支配，控制你的靈魂。**是卑微或是偉大，是富有或是貧困，都是取決於你內心的思想！**

如果你準備當一個學生，你的導師就會出現。

有一句話是這麼說的：「長久以來，有一扇大門似乎禁錮你的理想。」這是著名的史坦頓・戴維斯・柯克漢寫的。現在，你打開這扇大門走出來，發現在你的面前站著一位觀眾。雖然你手中的筆仍然被你放置在你的身後，黑色的墨汁染黑你的手指，可是突然之間，靈感撞擊你的頭腦，你的筆端流淌出優美的語句。「物質世界的你，很有可能在山坡上牧羊；精神世界的你，卻可以隨時去拜訪導師。導師見到你以後，對你稍作指點就對你說：『我已經沒有什麼可以教導你了。』現在，你已經成為一位導師，即使你仍然處於卑微的境地，即使你只是一個牧羊者，但是你可以擁有偉大的夢想。只要你朝著自己的夢想堅持不懈地努力，你的世界就會因此而完全改變。」

思考的人

世界上，沒有運氣這樣的事情

有些人看見別人的錦衣玉食，會扁著嘴巴說：「那是他投胎選到好家庭。」看見捧著獎盃的學者們，會斜著眼睛說：「他們的遺傳基因好。」看見成功的商人會說：「啊！上天眷顧他們。」這種人看不見事物的本質，空洞的頭腦裡沒有思想，血液裡流淌著懶散，滿嘴的迷信，命中註定，怨天尤人。

這些光環背後付出的艱辛呢？他們沒有看到這些成功者經歷過的失敗，跌倒以後爬起來，不斷地從頭再來。成功者為什麼可以成功，正是因為他們有信仰，為了心中的理想，一步一腳印地付出。

他們口中所說的「運氣」，是他們的一種自我欺騙；他們腦中所想的「好命」，是他們的一種自我麻痺。他們把別人取得的成功歸因於「上帝的照顧」，不管過程，只看結果，用這些表面現象矇蔽自己的雙眼，麻痺自己的思想。

世間有因才有果，有捨才有得。沒有過程不會有結果，只有付出才會有收穫。機會不會從天而降，抱持守株待兔的思想，遲早會餓死。一個人的才華，是他寒窗苦讀的結果；一個人的財富，是他雙手奮鬥的結果；一個諾貝爾獎得主，你知道他付出多少時間和精力在自己的學術上嗎？所有的收穫，都是努力的結果，它們是已經展現的思想、已經達到的目標、已經實現的

稻盛和夫推薦必讀

構想。

你頭腦形成的構思，你內心樹立的理想，都可以成為你構築屬於自己人生大廈的基石。

寧靜安詳

我們經常說要淡定，所說的就是心態。遇事可以平靜地面對，表示具有豐富的經驗，擁有智慧的頭腦，可以自我調整。平靜的心態，需要有強大的自我控制的能力，並且是長期努力的結果。

渴望進步的人，只有思想得到進化，心靈才會得以平靜。在他努力的過程中，他會逐漸意識到因果作用及事物的內在聯繫，也就是說，可以看清事物的本質，撫平內心的浮躁，拋開憂慮及悲傷。可以駕馭自己的人，有一顆平靜的心，和藹可親，與人為善，我們願意傾聽他的故事，走進他的生活，親近他，相信他。一顆平靜的心，可以吸引更多的心向它靠近，越是平靜，它的感染力就會越強，它的號召力就會越大，它的聽眾就會越多。例如：一個商店的老闆，假如他的脾氣很好，與人方便，他的商店一定會吸引很多人的光顧。為什麼？因為每個人都希望有一個好心情，都希望可以與心平氣和的人相處或是交往。他們的樂觀可以驅走你心裡的陰霾，他們的平靜可以化解你心中的浮躁。每一顆雨點在他們的眼中都是一個精靈，每一縷陽光在他們的眼中都是一道彩虹，他們眼中的世界總是那麼美好，那麼平和。

所謂的修身養性就是這個意思，是我們人生的必修課。它就像雪山上的雪蓮，潔白無瑕。它是一筆財富，比所有的東西更珍貴。我們是如此渴望得到它，我們也在不斷地追求它。人生如果可以寧靜祥和，還有什麼比這個更可貴？金錢在它的面前如此黯然失色，財富多寡在它看來只是數字，毫無意義。只有這樣的人生，才算是完整。

知足常樂是一門藝術

在我們的周圍，總是會有一些人，他們擁有幸福美好的生活，卻葬送在他們暴躁的脾氣上；有些人已經擁有很多財富，卻被貪婪的欲望控制，進而失去人生的快樂；有些人缺乏自我約束的能力，放縱自我，結果迷失在紙醉金迷中。假如我們可以用平和的心態面對生活，生活就會對我們展開笑顏。在變化中尋找平衡，隨時調整心態，坦然面對生活。真正可以做到這一點的人，真的不多啊！

人性包含許多方面，情感也是複雜的，很容易受到外在的變化影響，例如：焦慮、彷徨、悲傷、懷疑等難以控制的負面情緒。明智之人會駕馭自己的思想，淨化自己的心靈，控制自己

思考的人

的情緒。

無論你是在海洋中漂浮，還是在陸地上奔跑，無論站在你面前的是什麼，曾經承受風雨洗禮的心靈就像一面鏡子，它會平靜地告訴你向前走，牢牢掌握手中的思想之舵，一定會到達你理想的終點。你鬆懈下來，想要放手的時候，它會提醒你，賜予你力量，為你的身體注入能量。不要忘記心裡的旗幟：「寧靜祥和，知足常樂！」

第二篇

興盛之路

你的世界是圓是扁，是美是醜，取決於你是一個怎樣的人。宇宙之間的事物可以轉化到你的經歷中。任何外表的事物都不是根本所在，因為它們都是你自己意識狀態的一種外在反映，你內在的一切才是根本。

邪惡的教訓

痛苦、不安、憂傷是人生中不可逃避的黑暗陰影。在這個世界上，每顆心都曾經被傷害過，每個人都曾經有煩惱不堪的時候，每雙眼睛都曾經因為無法負荷的痛苦而傷心流淚。每個家族也曾經被疾病和死亡的陰影籠罩，人們因此陷入無盡的悲痛之中。這些由邪惡編織的羅網逼得人們似乎無處可逃，痛苦、不幸、淒慘佔據我們內心的每個角落。

被困住的人們為了逃脫，為了重獲幸福，為了趕走悲傷，會採取各種手段。利用酒精麻痺自己的酒鬼們，出賣身體獲取物質的妓女們，看破紅塵遁入佛門的出家人，沉迷賭博帶來刺激的賭徒們，逃避現實活在虛構的網路世界的網友們，他們的目標似乎得以實現的時候，他們的眼睛只看到表面的美好，舌尖只嘗到藥丸上的糖衣。他們已經忘記曾經的傷口，忘記疼痛。然而，疾病或是其他的不幸捲土重來的時候，不設防的心靈就會遭受重創，它編織的幸福之錦將會被撕得破爛不堪。

擺脫痛苦

在每個以歡樂為最終目標的人的頭上，都懸掛著一把達摩克利斯的痛苦之劍，它隨時都有可能掉落下來，刺中那些沒有被覺悟保護的靈魂。

我們還是孩子的時候，總是希望自己趕快長大；我們成為大人的時候，又在為失去的童年歎息。窮人被貧困的枷鎖壓得怨聲連連，為一日三餐低頭折腰；富人為了追求虛無飄渺的幸福而揮霍金錢，成為人生的匆匆過客。

手拿佛珠，口念經書，看似已經為心靈找到一個平靜的歸巢。然而，在巨大的誘惑面前，宗教的力量仍舊不是它的對手。又如某些心靈沉醉在美好的藝術殿堂，醒來以後卻發現只是霧裡看花。埋頭苦學的理論知識，回歸現實以後發現只是紙上談兵。他們只是在某段時間裡感覺心靈找到歸宿，或是追求到幸福而已。

我們不禁要問，難道沒有開啟幸福之門的密碼嗎？難道沒有打開邪惡枷鎖的鑰匙嗎？難道痛苦的陰霾會如影隨形嗎？所有的美麗只是海市蜃樓？永恆的平和只是童話故事？難道我們真的束手無策？

現在，我可以非常肯定地告訴你，不會！邪惡勢力終究會被打倒，等待黑暗之魔的將是灰飛煙滅，所有的逆境都會一去不復返。也許你會問，如何才可以做到？這需要一個過程，一種方法，或是一種實踐。透過這些，我們不再害怕，不再猶豫，可以抓住幸福的翅膀自由翱翔，也可以躺在綠色的草地上，呼吸新鮮的空氣。想要讓這些美麗的畫面永遠不褪色，我們首先必須看清邪惡的面目，正確理解它的本質。

邪惡必須被瞭解

如果把希望寄託於神靈，祈求上帝驅除邪惡，或是選擇逃避面對，都不可能實現你心中期望的。你被邪惡這個無形的枷鎖綁住而無法動彈的時候，你的低頭哭泣、焦慮不安、破口大罵對它沒有任何作用，它無動於衷，甚至會把你纏得更緊。你必須嘗試瞭解邪惡，找到它出現的原因，以及為什麼會糾纏你。

因此，親愛的朋友，你必須走出自身的局限，站在鏡子前面，重新開始檢查自己，認識自己，瞭解自己。把自己當作一個學生，用虔誠的內心、謙虛的態度，對待生命中的每堂課，在學習的過程中，不斷自我完善。在這個過程中，你會真正地瞭解邪惡。而且你會發現，它沒有那麼可怕，不可戰勝。它並非我們的人生，只是人生經歷中的一部分。只要你願意學習，它還會成為你的老師。

邪惡不是你身外的一種抽象的東西，而是我們人生道路上的一道風景。不要讓你的目光總是停留在它的身上，如果那樣做，就會永遠看不見其他美麗的景色。用你的心去感受和發現，你會找到它的根源，然後毫不猶豫地把它從你的心中趕走。

扎根於無知

無知是邪惡賴以生存的土壤，如果我們為它提供生存的環境，它就會不斷壯大，控制我們的人生。所以，邪惡不可能永遠存在，只要我們不是永遠停留在無知狀態。把邪惡從無知的土壤中連根拔起，徹底剷除。

無知是造成世間所有邪惡的罪魁禍首，如果我們可以意識到這一點，並且從中吸取教訓，邪惡也並非一無是處。邪惡會成為我們的老師，引導我們找到智慧之樹，消除無知。為什麼有許多人陷入邪惡的泥淖中無法自拔？這是因為，邪惡在對他們上課的時候，他們沒有認真聽課，不願意吸取教訓。如果是這樣，邪惡就會永遠在他們的身邊，它的力量也會越來越強大。

有一個非常頑皮的孩子，他看見燭光的時候，吵著要玩。媽媽告訴他，蠟燭上的火光非常危險，小孩子不可以玩。有一次，他趁著媽媽離開，沒有人注意的時候，伸手去抓蠟燭。我們可以想像接下來的事情，手被燒傷了，孩子也哭了，從此以後，他再也不敢玩火。燭光幫他上了一課，手上的疤痕讓他明白，玩火會帶來疼痛。

我講述這個故事，是為了揭示所有罪過與邪惡的本質和意義，以及最終的結果。孩子由於對火的本質不瞭解，對火的無知讓他得到教訓。成年人由於對某些方面的無知，要求得以滿足的時候，卻遭受更大的傷害。這樣一來，使得成人的世界更複雜，遇到的邪惡更強大，更難以分辨，所以他們受到的傷害也會更深。

黑暗只是短暫的

在生活中，人們習慣用黑暗來形容邪惡的事物，用光明來形容善良的事物。這種說法正是因為光明經常照亮我們的宇宙，黑暗只是短暫的。黑暗的地方只是因為它遮住光明，只是人生中一個陰影。至善至美的光明溫暖整個世界，賜予我們生命的能量，我們面前的陰影是因為我們的身體擋住光線。光在我們的身後，等待我們去發現。

夜色降臨的時候，抬頭看著天空，一片黑暗。但是無論它有多麼黑暗，它只是你頭上那片天空，在地球的另一端，仍舊是充滿光明的白天。而且我們知道，黑暗是短暫的，第二天早上，迎接我們的又是一個嶄新的世界。

你的心靈沾上悲傷的塵埃，如果不設法清掃，而是把自己沉浸在悲哀的苦海中，浮浮沉沉，唉聲歎氣，就是為自己的人生道路設置障礙，添加阻力，自我束縛。

人生的旅途中難免會有坎坷，這些坎坷會成為消極的陰影。只要你在心口點一盞燈，越來越強的光會把你的內心照亮，讓陰影無處藏身。

從邪惡中吸取教訓

也許有些人會說：「既然黑暗會為我們帶來痛苦和悲傷，我們為何不避開？」這是因為無知，無知讓我們選擇經歷，無知讓我們無法逃避。也正是由於無知，我們才會思考，才會探索，在學習的過程中找到戰勝黑暗的方法。我們用智慧打敗黑暗的時候，就會知道光明得來不易，我們才會更加珍惜。在戰鬥中，我們也可以獲得智慧。

但是，就像很多故步自封的人拒絕接受新的知識一樣，他們不願意從邪惡中吸取教訓，所以他們的現狀和未來總是漆黑一片，疾病、失意、悲傷不斷侵襲他們的人生，因為他們拒絕學習而遭受懲罰。因此，如果我們想要徹底掙脫自身邪惡的束縛，就要心甘情願地學習，做好接受不斷自律的心理準備，如果脫離它們，智慧、幸福、平和只是一種奢望。

否認光明的存在

有些人用偏見、自私、愚昧築成一座巨大的城牆，或是搭建一所狹隘的房子。他們把自己

思考的人

關在其中，拒絕所有光明。他們高聲呼喊：「光明根本不存在。」是嗎？你看到城牆外盛開的花朵嗎？你看見房子外茁壯的大樹嗎？請推倒城牆，走出房子，看看外面的世界吧！

邪惡是陽光背後的那絲陰影，在我們人生的路途中，陽光的位置發生變化的時候，它就會產生。你在追求完美無瑕的過程中，宇宙的法則就會發揮它的作用，讓你經歷痛苦，經歷悲傷和不幸。為什麼會讓你經歷這些，正是因為你的所求。你必須在經歷它們以後，才可以理解它們，才可以真正成為一個更堅強、更明智、更高尚的人。這些聽起來很簡單，但是你不能只理解它們的字面意義，而是應該透過認真反省，反覆咀嚼，再付諸行動。

你可以完全領會這些道理的真正含義，就可以創造自己的境況，變邪惡為美好，化腐朽為神奇，用自己的雙手編織錦繡前程。

心態折射出的世界

想要一個什麼樣的世界，取決於你是一個什麼樣的人。什麼樣的人做什麼樣的事，是積極？是消極？是美好？是醜陋？世界就在你自己的手中，隨你打造。你經歷過的都會在這個世界裡展現。

你目前擁有的一切，無論好壞，都是你經歷過的。如果你想要擁有更多，就要扛起背包，繼續勇敢地跨出經歷這扇門。

你的思想就是磚頭，你的願望就是瓦片，你用它們來搭建一個屬於自己的世界。思想是純潔或是骯髒，願望是美好或是醜陋，決定你的世界是幸福或是悲傷。也許你成功地打造一個美麗的城堡，也許你毀了它。

思考的人

構築你的世界

依靠思想的力量搭建一個縝密的內心世界時，外在的生活及所處的環境也會如鏡像一般，與之相輝映。無論你的內心世界隱藏什麼，謀劃什麼，都會不可避免地在外部反應出來，只是時間問題而已。

汙穢的心靈會帶來不幸，自私的心靈會導致災難，純潔的心靈會帶來幸福，無私的心靈會製造繁榮。每種心靈都是一件武器，可以造成與之相應的結果，這是不容置疑的，從未出現任何偏差，或是與之不符的情況。透過理解這個道理，你可以更好地認識宇宙，瞭解它神聖的法則。

我們在人生的旅途中發生的每件幸福或是哀傷的事情，遇到的每個甜蜜的微笑或是痛苦的畫面，都是取決於我們內在的思想和付出的行為。每個人的靈魂都會經歷各種遭遇，進行各種對抗，是長年累月的經歷與思想的結合，只是借助血肉之軀得以展現。**因此，你樹立什麼樣的思想，你的真正自我就是什麼樣，你的世界、你的處境，都是你樹立的思想作用的結果。**

你是你之所想

先哲曾經說過這樣的話：「我們的思想產生我們，我們的本質是我們思想下的產物，它由我們的思想構築。」因此，我們可以根據這句話得出以下結論：一個人獲得幸福的原因，是幸福的思想充實他；一個人的世界是灰色的，生活是淒慘的，是因為他的思想充斥著沮喪和衰弱。膽怯懦弱還是無所畏懼，愚昧無知還是聰明理智，煩躁不安還是鎮定自若，都是由於在他的心靈深處有造成各種局面的「因」，沒有「因」就不可能有「果」。

接下來，可能很多人會問我：「按照你說的意思，外部環境不會影響我們的心態嗎？」這不是我要說的，也不是我的本意，我所說的是要有先決條件，那就是「只有你允許外部環境影響你的心態時，它才可以影響你的心態」，而且我知道這個真理經過實踐的考驗。

外部的環境可以影響你的時候，說明你對思想的本質認識得不夠透徹，無法正確理解它的用途及力量。你選擇相信（在「相信」這個詞語上，凝聚我們所有的悲傷與歡樂），外部的環境可以成就你的輝煌，或是摧毀你的人生。這種信任會使你把自己全盤交出，甘願讓外部環境指揮你的人生，控制你的人生，無條件地接受各種結果。實際上，你應該選擇相信自己的思想，相信悲傷與歡樂、恐懼與希望、堅強有力與弱不禁風，都是由你自己的思想支配。

兩位男士的故事

有兩位男士，他們兢兢業業，多年以後，他們的事業有一些成績。就在這個時候，或許是

思考的人

投資失敗，或許是經營不善，他們破產了。為此，其中一位男士一蹶不振，對別人訴說自己當時的輝煌，現在遭遇的不幸。他活在自己編織的噩夢裡，不願意醒來，他的日子越來越貧窮。

別人問另一位男士：「你不難過嗎？」他非常平靜地說：「這就是生活，日子不會因為困難就不過了，哭也是過，笑也是過，我選擇笑著過日子。」人們在他的眼睛裡看到的是對生活的希望。在以後的日子裡，這位男士還是像以前一樣，努力地工作，不停地奮鬥，總結過去的經驗，從中尋找正確的道路。沒過多久，他重新擁有自己的財富，再次進入成功的行列。

多年的付出，某天醒來卻發現一無所有，這在第一位男士看來是一場災難，一場足以讓他倒下的災難，他的思想瞬間崩潰了。對第二位男士來說，這只是人生中的一個插曲，因為他擁有積極向上的思想，並且可以迅速武裝自己，保護自己不受傷害，促使自己重新站起來。

如果外部的環境具有一種能力，可以賜福於人或是傷害於人，在相同環境下的人們就會經歷相同的感受嗎？答案是否定的。因為在相同的環境下，有些人生活得非常幸福，有些人卻痛苦坎坷。也就是說，外部的環境無法決定我們的生活品質。什麼樣的生活，取決於每個人的思想。

真正意識到這一點的時候，才可以認清思想的作用以及它的重要性，你才會著手控制它，把內心不健康的思想全部裝進垃圾袋，扔得遠遠的，再用所有美麗的思想重新填滿自己的心房，建造一個歡樂寧靜、溫和甜美的殿堂。你做到這些的時候，就會發現生命到處是希望，生活是如此甜蜜幸福，面孔是如此美麗動人。

一個人眼中的寶物，可能是另一個人眼中的廢物

一個人的內心有怎樣的思想，就會怎樣看待生活中發生的改變。我們看到的世界不同，是因為我們的思想不同。如同畫廊中的同一幅畫，有些人也許會覺得和諧美麗，有些人看到的是雜亂無章。

有一天，一群孩子在池塘邊嬉戲，一位自然科學家正在不遠處悠閒地漫步。他被孩子們天真的笑聲吸引，慢慢地來到池塘邊。池塘裡的水有些混濁，水面上還漂浮著一些東西。自然科學家拿出隨身攜帶的玻璃瓶裝了一瓶水，想要帶回去研究水裡的物質。這個時候，孩子們圍了上來，看到他用瓶子裝水，感到十分好奇。

他問孩子們：「小朋友，你們知道嗎？雖然這只是一個池塘，可是它卻包含很多宇宙的奧秘。有些東西我們可以用眼睛看到，有些東西卻需要我們借助科學儀器才可以觀察到。」

孩子們因為沒有這個方面的知識，只能看著瓶子，想了想說：「池塘裡除了蝌蚪，什麼都沒有啊！」

思考的人

自然科學家因為掌握很多知識，才可以看到自然界的神奇，才可以發現自然界蘊含的神秘。那些還沒有接受教育的孩子們，沒有這個方面的專業知識，只能看到水裡游著的蝌蚪。

稻田裡金燦燦的麥穗，在莊稼漢的眼裡只是糧食，卻可以成為畫家筆下一幅美麗的畫作；夾雜在山谷之間被旅行者忽略的野花，卻是詩人靈感的泉源；森林裡嘰嘰喳喳的鳥叫聲，秋風掃落葉的唰唰聲，你可以聽出什麼？音樂家認為這是一曲大自然的和諧之音。浩瀚的海洋在許多人的眼中，只能讓船隻在上面行走，可是在生物學家的眼中，它卻蘊含著無數的生命與奧秘。

災害和事故在人們的眼中是惶恐的、悲傷的，哲學家卻可以看到因與果、美與醜。物質主義者的眼中盡是死亡，神秘主義者卻可以看到永恆的生命。

評判別人

思想控制我們的眼睛，正如我們在自己的思想支配下去看待事件及物體那樣，我們也在自己的思想支配下去看待別人。

多疑的人不停地在猜疑，懷疑身邊的每個人、每句話、每個行為；騙子找不到誠實，認為世界是由謊言構成的，諾言是虛構的；善妒者嫉妒每個人擁有的每樣事物；視財如命的奸商只顧著存摺上數字的增加，泯滅良知地從事骯髒的交易，財富堆得越來越高的時候，他卻更沒有安全感，認為周圍的眼睛都在窺視自己的財富，所有的臉孔都是虛偽的。

另一方面，心靈盛滿愛的火花時，我們眼中的世界就會充滿愛；誠實的人不懂謊言，守信之人不會被懷疑。善良的心靈會為別人的成功喝采，熱心之人會幫助困境中的人走向幸福，寬容的心不存在嫉妒的成分。我們的內心意識到宇宙的神聖，才可以在別人的身上看到神聖。

根據因果效應，我們付出什麼，最終就會得到什麼。在現實生活中，我們喜歡結交與自己思想比較趨近的人，和他們隨意暢聊，這就是物以類聚，人以群分。內在的思想世界與我們生活的外在物質世界一樣，類似的思想才會相互吸引。

你想要得到別人的尊重嗎？你希望成為一個每個人都喜歡的人嗎？你首先要學會尊重和善待別人。你希望得到別人的真心對待嗎？你首先要做一個真誠的人。生活就像一面鏡子，你笑，它也笑；你怒，它也怒。

幸福世界在自身之內

人們到教堂禱告，到寺廟祈求，期待萬能的上帝、慈悲的菩薩，可以保佑他們遠離悲傷，擁有幸福。如果你曾經有這樣的想法或是行為，現在這裡有一個對你有用的資訊：幸福的世界

思考的人

就藏在你自身，它在等待你去發現，只要你願意，現在就可以走進它、認識它、擁有它。

一位智者曾經說：「不要相信別人嘴裡所說的幸福，不要聽信別人指給你的幸福之道，幸福在哪裡？其實，幸福世界不在遙遠的國度，也不在朦朧的睡夢裡，它就在你的自身之內。」

不要有任何的懷疑，不要讓猜疑的陰霾籠罩你的心，要用全部的心堅定不移地信任它，對其沉思默想，直至你可以準確理解它。接下來，你的任務就是開始淨化自我，用純潔的思想構築你的內在世界，在你逐漸搭建的同時，生活也會教導你很多道理。最後你會發現，自己的心靈充滿各種神奇的力量，可以盡可能地挖掘你自身的潛能，外部的環境不具備這種力量。

如果你想要讓世間所有的邪惡與災難消失殆盡，每個角落都有陽光的照耀，每片沙漠都成為綠洲，首先就要扶正你自己。

如果你想要改變這個世界，讓它擺脫罪惡的深淵，讓人們受傷的心靈早日癒合，驅散悲慘的陰雲，以生活的甜美取而代之，首先就要改變你自己。

如果你想要消除這個世界的弊病，讓它不再感到悲傷與疼痛，取而代之的是病癒以後的歡樂，猶如黑暗中的人重見光明，首先就要消除自己的弊病。

如果你想要讓這個世界從死亡的噩夢中覺醒，化干戈為玉帛，讓整個世界充滿關愛與和平，讓人生折射出奪目的光芒，首先就要讓你自己覺醒。

擺脫逆境的途徑

不斷地學習與實踐告訴我們一個道理，那就是：邪惡只是站在錯誤的思想及愚昧的行為背後的陰影，我們所處的世界就像惡毒的皇后手中的那面魔鏡，它沒有欺騙，只有誠實，它會告訴你，最真實的你是什麼模樣。有這種認識以後，我們邁出堅定的步伐才可以更堅定，我們的思想覺悟才可以提升得更快，才可以進入更高的精神境界。

有這種認識之後，我們才可以瞭解因果作用，才可以理解世界上的所有事物都是因果輪迴的結果，都有其必須遵循的法則。無論是脫口而出的話語、微不足道的想法，或是每個人不同的行為舉止，還是銀河系中每顆行星的運行軌道，都要遵循至高無上的宇宙法則。

法則適用於各種的境況下，永遠不可能存在違背或是偏離。就連人生的境況，也無法逃避法則的力量，它有和諧的先後次序。

思考的人

因果法則

「播什麼種，收什麼果」，這個法則將會永遠流傳下去，每個人都無法否認它、欺騙它、擺脫它。飛蛾撲火，終究是自取滅亡，不會因為它的不甘心或是僥倖心理而逃脫死亡的命運。正是這個相同的法則，掌管我們的思維世界。

埋藏在心中的仇恨、憤怒、嫉妒、淫欲、貪婪，如同一把火，如果點燃它們，就會引火焚身，重則死亡。所有這些心態，都有一個共同的名字——「邪惡」，它是由於靈魂的愚昧無知違背偉大的自然法則，導致其思想的變異，引發的內在騷亂，最終會引起疾病的入侵、事業的失敗、家庭的不幸、人生的墮落……

關愛、溫和、善良、純潔，就像清新涼爽的微風，輕輕吹拂追求它們的心靈，如果遵循法則，它們會以健康、成功、融洽的環境等形式展現出來。

遵從法則

假如我們認識法則，並且可以做到真正瞭解它的廣大性和準確性，就可以在心中認同它、遵守它。一方面，我們應該瞭解到正義、和諧、關愛在宇宙之間至高無上的地位；另一方面，我們應該瞭解如果不遵從法則，就會陷入悲慘痛苦的泥淖中。這些瞭解可以賜予我們更多的力量，只有在真正瞭解的基礎上，我們才可以擁有真實的人生，保持長久的成功，收穫甜蜜的幸福。

無論現在處於多麼糟糕的境況中，都不要急躁，保持耐心，把所有艱難的外部條件當作鍛鍊自己的磨刀石，是成功道路上不可或缺的磨練，這樣才可以從痛苦的環境中脫離。成功地擺脫它們以後，就不必擔心自己會重蹈覆轍，落入相同的處境，這是因為你遵從正確的法則，並且獲得偉大的力量，這些力量已經徹底消滅導致你落入痛苦處境的真凶。在人生道路上，隨時與法則保持和諧並且與之共進的遵從者，可以征服所有自己想要征服的對象，他們打造的世界牢不可摧。

人生的道路，是你自己走出來的

出色的化妝師和高級的化妝品，可以讓一個體弱多病的容顏瞬間煥發，但是它們只是短暫地裝飾表面，最終還是要依靠精心的調理，如果沒有精心地調理，就不會有健康的臉色。同樣地，如果我們無法循序漸進地豐富自己的知識，提升自己的思想覺悟，無法發揮內在因素的積極作用，距離實現繁榮和平的目標就會越來越遠。

你認為環境在為難你、打壓你，你的眼神充滿對機會的渴望，對外面寬廣世界的渴望，對

思考的人

健康平安的渴望，或是你每時每秒都在詛咒悲慘的命運，抱怨自己命運不好。我寫這本書的目的就是為了你，接下來我要說的話也是為了你，請你認真聽著，並且牢記我的話，讓它們成為你心中的烙印，因為它們都是真理：如果你下定決心要改變自己的命運，你悲慘的處境就可以得到改善。絕對不存在命由天定，你的命運就在你自己的手中，它是你自己掌握的，你的人生就在你自己的腳下，它是你自己走出來的。

我知道，萬事起頭難，你在人生這條道路上剛開始行走的時候，這條路看起來坎坷不平（通往真理的道路經常如此，只有通往錯誤及虛幻的道路，在起步處才會非常誘人），但是如果你可以朝著正確的方向堅定不移地前進，不被幻影迷惑；如果你可以絕對控制自己全部的思維，摒棄自己的軟弱，並且全部釋放自己靈魂吸收的力量和精神累積的能量，驚喜就會在某一天降臨，因為你的人生已經發生翻天覆地的變化。

你在人生的旅途中昂首闊步，人們口中的「千載良機」也在恭候你的青睞，你全身充滿神奇的力量，你的身邊圍繞著可親可敬的朋友們，你就像一塊強大的磁鐵，吸引無數充滿愛的靈魂，所有你想要的也會全部朝你走來。

停止抱怨

或許你正在被貧困的枷鎖銬住，或許你正在被孤單的陰影籠罩，你迫切地想要打開枷鎖，消除陰影，但是徒勞無功，你似乎被吸進一個黑洞中。或許你正在抱怨命運的坎坷，哀歎命運的悲慘，訴說著生不逢時，咒怨老闆的刻薄，或許無辜的上天也成為你口中的瞎了眼。

現在，停止你的那些行為，不要徒添煩惱：因為這些你指責的對象都是無辜的，它們沒有讓你深陷困境。你應該從自身尋找原因，只有這樣，你才可以拯救自己。你不斷地抱怨，無濟於事，沒有任何改變，反而更可以說明，你缺乏一種信念，可以使人們加倍努力與快速進步的最基本的信念。

抱怨之人在講究法則的宇宙中，沒有他們的一席之地，擔憂會逐漸扼殺他們的靈魂。錯誤的心態會把他們綁得更牢、鎖得更緊，永遠不見天日。

不要用消極的態度面對你的生活，你的人生才不會低迷。用知識的武器和信念的裝備來武裝自己，爭取更好的機會來改變處境。在現實的人生旅途中，每跨出一步都要有一個腳印，循序漸進。在哪裡跌倒了，為什麼會跌倒，爬起來以後立刻尋找原因，總結經驗，吸取教訓。只有這樣，才可以避免在往後的道路上犯下相同的錯誤。

我們在學習新的知識以前，必須可以嫻熟地運用之前所學的，同樣的道理，我們渴望收穫

思考的人

更大的果實以前，必須把握自己現在擁有的。這是一個經歷千錘百鍊以後得出的結論。如果我們抱持無所謂的態度對待我們已經擁有的，無論它們多麼簡單、多麼平凡，它們也會遠離我們，直至消失。

使你的環境更優雅

或許你躺在一個出租的房間裡，四周一片狼藉，你渴望有一個寬敞明亮、乾淨整潔的家。為了使自己將來可以擁有這樣的住所，你必須先把現在住的小屋變成一個天堂。

拿起工具，打掃收拾你的小屋，讓你的小屋充滿溫馨的感覺。桌上整齊地擺放幾道簡單可口的菜餚，還有潔淨的餐具。用你燦爛的笑容和熱情的擁抱，編織一張彩虹地毯，點亮你的小屋。

用心改善目前的環境，讓它盡可能更優雅，這樣一來，你才可以超越它們的要求。在一定的時候，你站在花園別墅中，也可以悠然自得，優雅地漫步，而且你也可以擁有這樣的生活，因為昔日你的努力是你可以擁有它們的資格。

也許你會說：「我哪有那麼多時間，我的工作量那麼大，工作時間那麼長，我還要想其他事情，做其他事情。」我想要說，這不是理由，時間是依靠合理安排的，時間是依靠節省的。

你真的充分利用每分每秒？沒有讓它們有絲毫的浪費嗎？不要讓你的託詞成為自我麻痺的理由，不要讓自己變得更懶惰，不要使自己成為一個沒有時間觀念的人。

貌似壞事，實際可以讓人得益的幸事

沒有錢，沒有時間，沒有娛樂，如果你覺得這些是非常糟糕的事情，它們阻礙你進步，那是因為你把自己的缺點華麗地包裝起來，所以它們成為缺點的代罪羔羊，成為你眼中的壞事，事實上是你自身內在的缺點。

只有透過不斷地努力，才可以準確理解你在塑造自己心態的時候，你就是自己命運的製造者。自我控制的能力越來越強大的時候，你對這一點的認識也會越來越透徹，那些曾經被你認為糟糕的因素在你的眼中才會洗刷冤屈，成為對你有所幫助的元素。

你的貧困會使你的耐力更長久，會使你有所希望，增加你的勇氣。你的沒有時間，會使你認識到時間的寶貴，並且更加珍惜它。長此以往，你在面對事情的時候會更堅強、更果斷。

就像在一潭淤泥中，也有亭亭玉立的蓮花；一片貧瘠的土壤裡，也可以盛開一朵幸福的人生之花。高尚的品格在困苦的環境裡飄香，幫助人們擺脫困苦，改善環境。

或許你在抱怨你的老闆尖酸刻薄，把它看作你人生的必修課，用你的寬容回應他的刻薄，用你的友善回應他的尖酸。在這個過程中，鍛鍊自己的耐心，增強自我控制的能力。利用不利的外部條件，獲得思想及精神力量，化逆境為順境，讓你的寬容和友善逐漸感化他，使他意識到自己的可恥，並且幫助他修身養性，你才可以擁有一個平易近人的老闆，一個溫暖和睦的工作環境。

不再自甘為奴

不要給自己烙下「奴隸」的印記，努力培養高雅的興趣愛好和崇高的思想道德，養成良好的生活習慣和文明的行為舉止，這樣一來，才可以擺脫奴隸的稱號。在抱怨別人奴役你之前，確保你沒有成為自己的奴隸。

用敏銳的目光投向你的內心世界：仔細地觀察，並且用嚴謹的態度面對自己的缺點。你就可以發現，你的缺點是奴性思想的聚集地，它們在那裡棲息繁衍，促使你形成奴性習慣。消滅它們吧，不要使自己成為一個徹底的奴隸，沒有人可以奴役你。成功地跳出那個自我束縛的困境，你就會擁有史無前例的力量，在任何困難面前都會毫無畏懼。

不要抱怨老闆對你的苛刻，你確定自己成為老闆以後，不會苛刻地對待自己的員工嗎？風水輪流轉，這是宇宙之間的一個法則，在這一點上，所有人都一樣。或許你曾經揮金如土，是一個財大氣粗的老闆，現在一無所有的你，只是這個法則在發揮它的作用。擺正自己的位置，端正自己的思想，讓你的精神堅韌不屈，讓你的信念百折不饒，讓至正、至善永駐心間。

全力打開束縛自己思維的奴性枷鎖，不要讓自己產生「受到迫害」的錯覺，重新審視自己內在的人生，努力認識到，實際上只是被你自身的東西傷害。

美德的培養

自我憐憫的心態控制你的思想時，你的人格已經失去魅力，你的靈魂已經開始頹廢。拋棄自憐這種行為吧！如果你讓自憐這種「病菌」侵入自己的內心世界，你的外在人生將是黯淡無光的，甚至病入膏肓。不要妄自菲薄，也不要指責別人。儘管你的身上還有許多缺點與不足，你的思想品格還沒有到達高尚的境界，你的願望還沒有偉大到全心全意為民眾服務，就算這樣也不要唾棄自己。只有這樣，才有可能在永恆的基石上建造你人生的大廈，保證你獲得幸福與健康的所有條件將會日趨成熟。

一個人的各種美德，是依靠他不斷努力長期培養起來的，美德的培養必須先消除體內消極頹廢的思想，也包括自憐的心態。**一個人如果想要脫貧致富，或是其他自己想要的生活環境，首先必須培養自身的美德，美德的培養是走向真正富裕的唯一途徑。**只有你的心靈開遍美德之花，才可以結出富裕與力量的果實。

可能你會說，在這個世界上很多有錢人，他們沒有美德，也不願意花費心思去培養自己的美德。然而，就算他們擁有很多財富，他們的內心是空虛的，他們的生活是頹廢的，因為依靠旁門左道而擁有的財富，用起來也是膽顫心驚，而且無法長期擁有。

史坦頓・戴維斯・柯克漢曾經這樣說：「在以前，我看到那些邪惡之人可以擁有財富，就會滿心嫉妒和憎恨……表面上看來，他們的生活非常優渥和舒服，擁有許多別人盼望的物質財富。後來，直到我培養自己的美德，走進上帝的殿堂，我才認識到自己當初的想法是錯誤的。我明白擁有很多的物質財富無法讓自己的人生真正的幸福和充實。現在，我已經可以預示到邪惡之人最終的結局。」

為富不仁者

那些心懷不軌的人一夜暴富的時候，柯克漢也曾經嫉妒過。然而，他承受一次又一次的考驗，最終進入一個純潔的精神聖殿，他的智慧也使他可以看到未來那些邪惡之人的悲慘下場。而且，如果你可以堅持不懈地努力，提高自身的思想覺悟，脫離低級的趣味，堅持遵從宇宙之間的永恆法則，你也可以擁有純潔的精神殿堂。你站在聖殿之上的時候，你的思想意識已經至高無上了。

透過長期的奮鬥及自律，擁有踏入聖殿的資格，就可以擁有一雙慧眼，準確無誤地看透人間百態，看穿各種思想和努力造成的結局。就算醜陋的靈魂發財的時候，你的眼中看到的只是他悲慘的下場，你內心的信念是如此堅定，難以動搖。

為富不仁者在現實生活中的美德上是貧瘠的，他們在道德培養上是吝嗇的，生活最後會讓他落入一無所有的地步。他們的錢財最終也是曇花一現，成為過去。就算日後陪他入土的是奢華的棺材，是綾羅綢緞，但是他的不道德欠下的惡債終究還是要他償還的。就算他的名字多次榮登富豪榜，他也會在貧民窟中饑寒交迫，直到沉痛的教訓及遭受的苦難，促使他最終征服內心世界的貧窮。

然而，有些人物質基礎薄弱，如果用金錢的多少來衡量他們的貧富，他們毫無疑問不是富翁，他們是真正的富豪，因為他們擁有金錢買不到的美德。貧窮的生活和自身的美德會幫助他們獲取財富，獲取幸福與歡樂。

如果你想要成為一位真正的富翁，培養你的美德就是你的當務之急。如果一個人的唯一追求就是擁有雄厚的財富，只要可以實現這個目標，他不擇手段，不計後果，最終他會為自己的行為負責，吞下痛苦的惡果。如果他的人生目標是自我完美，為了實現這個目標，他會用正確的思想和堅定的信念，在人生追求的道路上全力幫助別人，不斷地自我完善。這樣一來，他也可以實現至純、至美、至善。

仔細檢查你的動機

有些人會說，自己想要發財的目的是為了可以做更多的慈善，為了造福別人。如果這是他們心中真實的話，他們就可以發財。因為這是一個強大的信念，會賜予他們堅強有力的肩膀，可以承受巨大的壓力，鼓舞他們去奮鬥。在發財致富的道路上，他們願意把自己看作別人的服務者，而非支配者。

你也應該想想，自己為什麼想要發財。很多追求財富的人在表達自己的目的時，總是喜歡打著「造福別人」的幌子招搖撞騙。他們的內心真正想要的是享受盛名、獲得眾望，戴著「慈善家」的面具示人。

如果你不富裕的時候，捨不得捐款，捨不得行善，就算以後你穿金戴銀的時候，你還是捨不得。你擁有的金錢越多，就會變得越吝嗇，即使你願意拿出一些錢財來行善，你的真正動機也是為了買一個好名聲。

如果你說：「等我以後大富大貴的時候，我會捐多少錢」，這不是你現在不行善的託詞，如果你真的有心想要做善事。此時此刻，你就可以從點滴開始，開始你的善言善行。如果你真的無私，就會為了幫助別人而不惜犧牲自己的利益。無論你現在多麼貧窮，總有做出自我犧牲的空間。

真心渴望可以幫助別人，不會等到自己富貴的時候才去幫助，而是隨時願意犧牲自己的利益去成全別人，為了幫助所有需要幫助的人而不斷奉獻。

既然果與因密切相連，繁榮及力量與忠誠善良密不可分，貧窮及虛弱與陰險狡詐密不可分。

什麼是真正的財富？

真正的財富不是擁有多少的鈔票，也不是可以行使多大的權利，單純的鈔票和權利就像手中的沙子，抓得越緊，流失得越多。

長期累積的優良美德，才是你擁有的真正財富，你真正的力量就是在於把美德發揚光大，讓其矯正自己的思想，也是矯正自己的人生。頑固不化、思想淫亂、驕傲自滿、貪圖享樂、性情暴躁、自欺欺人，這些都會導致貧窮與虛弱；高尚純潔、大公無私、寬容大度、樂於助人、捨己為人、堅韌不屈、誠實可靠，這些都是財富與力量。

思考的人

一個人在克服自身缺點的過程中，會萌生一種強大的力量，憑藉這股力量對他的千錘百鍊，最終可以擁有高尚的思想品格，他的行為也會被人們支持和擁護。

富翁和窮人一樣，都會遭遇不開心的事情，而且他們比窮人更難獲得幸福。由此我們可以感悟到，幸福取決於內在人生，而非外在的財富或是佔有。

如果你是一個經常與員工發生衝突的老闆，你們之間總是存在許多問題，而且他們總是不斷地離職，即使是老實厚道的員工，做不了多久也會離開公司。這樣的事情頻繁地上演，你已經完全失去對人品的信念。你曾經試圖透過提高他們的福利待遇，希望可以改善這種境況，遺憾的是，一切還是老樣子，以下的話或許對你有所幫助。

其實，突破點不是在員工的身上，你應該自我檢查、自我檢討。如果你可以端正自己的態度，以公平的眼光仔細審查自己的內心，就可以發現導致自己不幸的根源。

也許是你的自私自利，也許是你的疑神疑鬼，也許是你的不良心態，就算你平時的言語中沒有把它們展露出來，然而它們隱藏於內心，你不高興的時候，它們就會在不自覺中流露，傷害到你的員工，同時也傷害到你自己。真心地善待你的員工，真心地希望他們可以幸福，經常站在他們的立場，為他們著想。不要做出傷害他們的事情，尊重他們等於尊重自己。

一個主人擁有一顆謙卑的心靈，他的奴僕就會以忠誠的心靈服侍他。一個老闆擁有一顆高尚的心靈，就會把員工的利益放在首位，竭盡全力為員工謀福利，他的員工也會心甘情願為他工作。這樣的老闆，收穫的不止是物質上的財富，還有精神上的滿足，這就是良性效應。

有一個老闆，員工們很支持他，他不必擔心員工會離職。曾經有人問他其中的原因，他坦率地說：「我做員工的時候，知道自己希望獲得老闆怎樣的對待；我做老闆的時候，知道員工希望獲得我怎樣的對待。同樣地，我也知道怎麼對待他們，他們就會怎麼對待我。所以，我和我的員工可以相處融洽，合作愉快。」從這些話語中，我們可以明白一個道理，我們把這個道理運用於生活中的時候，就可以避免自己討厭的，獲取自己渴望的。

出路

如果你曾經在夜深人靜的時候獨自品嘗孤單，如果你曾經說過，你沒有朋友，沒有人關心。我告訴你，如果想要成為有人關心、有人愛的人，就不要抱怨任何人，努力使自己成為一個平和可親的人，熱情友善地對待周圍的人，過不了多久，你會發現自己擁有很多朋友，同時也擁有他們的關愛。

你的體內具有淨化自我和征服自我的功能，只要你善於發掘，合理利用，可以熟練地操作，無論你遇到多麼艱苦的環境或是多麼沉重的負擔，都可以迎刃而解。無論你是在為沒有錢

思考的人

而煩惱，還是為太有錢而煩惱，是為感情的不和悲傷，還是為婚姻的不幸痛苦，只要拋開自私自利的自我，這些對你來說將會煙消雲散。

我們生活在一個法則隨時作用的宇宙下，沒有人可以逃脫，我們唯一可以做的就是堅決遵從它。在現實生活中，每個人的思想每秒鐘都在更新，每個人的行為每天都在發生變化，我們有能力控制思想和行為，我們可以使它們變好或是變壞。我們擁有的力量、能力、財富、幸福，是從堅強和正直中提取的。

自私自利的人會將周圍的人視為敵人，隨時豎起自己身上的尖刺防禦別人，實際上卻弄傷自己。純潔無私之人會將友善之花撒向他的朋友們，朋友們也會在他的周圍用愛形成一個保護圈，將他圍繞起來。聖潔神聖的光芒可以穿透烏雲籠罩人生，征服自我的人，也就是征服宇宙。來吧！站起來！開始你的征服之旅，征服自我，才可以割掉貧困的尾巴，才可以收穫各種感情，不再抱怨，不再孤獨。

撕毀覆蓋在你的臉上那張自私自利的面具，用你的愛使你的容顏從內到外都煥發出透心的美麗，同時也照耀你的外在人生。

思想無聲的能量

在浩瀚的宇宙中存在千萬種能量，其中之首就是無聲的思想。這種能量放在正確的位置上可以創造巨大的財富，但是如果錯誤地運用，將會殺人於無形，後果不堪設想。在日常生活中，我們經常把這種能量運用到機械運作中，例如：發電機可以發電，冰箱可以冷凍。在思維的世界中，很少人會正確利用這種巨大的能量，所以思想產生的創造和破壞的能量全部被傳送出去。

人類在前進的腳步中，已經學會慢慢挖掘這些能量。我們目前擁有的所有成就，都是人類運用能量征服自然的結果。人類擁有的智慧都是能量轉化的結果。在我們生活的地球上，如果每個人都有奉獻的思想，或是樂於助人、團結友善的思想，使這種思想產生巨大的能量，世間沒有人孤單絕望，沒有人無處安身。這種巨大的能量被妥善運用的時候，將會成為人類的福音，最終成為人類至高無上的智慧。

思考的人

希伯來人之中曾經出現很多預言家，他們悟透了宇宙的至高法則，並且在看待外在事物的時候，可以準確地聯想到內在的思想，例如：看到一個國家繁榮昌盛或是民不聊生的時候，會聯想到這個國家當時的主流思想和主要願望。他們進行的預言都是來自他們對思想能量的認識，這也是他們的智慧和能量的基礎。

一個國家的精神，決定這個國家的發展方向。精神力量被錯誤使用的時候，就會導致國家陷入戰爭，民族陷入災難，人們陷入饑荒。宇宙法則告訴我們，這種被錯誤使用的力量達到高峰的時候，最終會導致國破家亡。由此看來，一個國家的戰爭並非某個領導人或是某個機構的責任，而是由於這個國家自私的思想所致。

事物是具體化的思想

思想產生的能量總是在悄無聲息中征服一切，你反應過來的時候，它已經把這些事物展現在你的面前。你抽絲剝繭，發現原來它們只是思想的具體化而已。首先，任何成績都有一個思想的形成階段，然後才會被具體化。任何一個專業領域的精英，他們展示在世人面前的作品，最初只是他們腦海中的一些想法，透過努力使這些思想成為現實，最後帶給人們物質或是精神上的享受。

在宇宙法則下適當地使用思想的力量，它就可以保持及提升，思想的力量違背那種法則的時候，它就會被損耗，直到最終散失殆盡。

如果你可以使自己站在善良的隊伍裡，征服體內所有邪惡勢力，你的思想將會被千錘百鍊直至發出純美之光。堅信自己可以做到。在至善的生命之光的照射下，我們才可以擺脫黑暗，消滅邪惡，這就是拯救的真正意義。

克服消極思想

害怕、擔憂、焦慮、懷疑、煩惱、憎恨、失望的所在之處，必然存在無知與缺乏信念。這些負面的心態都是因為人們的內心存在自私自利，最終邪惡導致所有負面心態的產生。害怕、擔憂、抑鬱、猜疑、仇恨的心態會使人體產生消極的病菌，感染美好的心靈，破壞積極健康的人生。

被奴役的人們喊著「拯救」的口號，卻被恐懼和懷疑蠱惑，不敢採取任何行動。如果一個人真正相信永恆的正義、無處不在的善良，以及無限的愛，他不可能恐懼，也不可能懷疑。恐懼、擔憂、懷疑，就是否認，就是不相信。

這些心態會產生缺點，導致失敗。消極的思想會阻礙積極力量的形成，積極的思想力量可以幫助人們樹立正確的人生目標，是人生中最珍貴的精髓。

只有克服所有稱為「邪惡」的心態，不斷努力地補充這種積極的思想，使它的力量超過消極思想產生的力量，我們才可以征服自己，擺脫奴隸的命運，成為自己的主角。

只在思想上把邪惡拒之門外是不夠的，在日常生活中，在我們的言行舉止中，也要隨時提防它。同樣地，只在思想上肯定善良的存在也是不夠的，要把善良之舉覆蓋到每分每秒的實際生活中。

假如一個人有很強的自制力，對自己思想產生的力量也有準確的認識，並且可以正確掌握這種力量，使其為自己的人生保駕護航。如果你也有很強的自制力，就可以成為思想力量的主人，而不是僕人聽令於它們，也可以掌控自己的命運。

逆來順受者

如果一個人總是一無所成，總是看著成功與幸福從自己的身邊溜走，不敢伸手去抓，就算是觸摸一下，這是因為他內心否認的思想一直在發揮作用。

例如：你隨時生活在猜疑中，對所有的事情都不信任，害怕判斷錯誤。猜疑、恐懼、焦慮結成一條繩索，把你牢牢捆住，使你成為一個奴隸，就算成功和幸福總是距離你很近，你也無法抓住。因為你缺少信念，你的奴性使你失去自我，一個無法掌控自己的人，怎麼可能掌控其他事物？這樣的人必然一無所有，必然會經歷各種苦難。如果他可以自我反省，可以掙脫那條捆綁他的繩索，最後他會是成功的，是幸福的。

訓練你的思維

如果人生是一輛列車，信念就是它的車頭，追求就是它的車輪。堅定的信念和堅決的追求，才可以使人生朝著正確的方向前進。每天精心地培養信念這株樹苗，慢慢地等待它長成參天大樹，每日不斷地自我強化內心無聲的追求，使其凝聚成巨大的思想力量，幫助我們成功地實現自己的目標。

無論你現在在做什麼，在什麼位置上，只要你想要成為有所用、有所成之人，就要使自己的心思沉澱，使自己的心緒寧靜，學會如何集中自己的思想力量。也許你是一位企業家，你的事業遇到金融危機，看似無法躲過的一場風暴。你整日誠惶誠恐，患得患失，似乎無計可施。長此以往，你的事業還沒有崩塌之前，你已經先被打倒了。因為你的內心充滿害怕和猜疑的時候，你的頭腦無法冷靜思考，無法做出正確的抉擇。

現在，你可以泡上一壺上好的茶，坐在陽台的籐椅上，安靜地品嘗，使自己的頭腦不被焦慮打擾，使自己的心靈不被害怕佔據，充分地享受一個人的寧靜。你的思緒在幸福中遊蕩，在安靜中思考的時候，你的害怕與焦慮將會消失得無影無蹤。

在那一刻你會發現，你的思想在原本的基礎上，已經蛻變成一個美麗的天使，充滿神奇的力量。隨後，你面對那些曾經讓自己頭疼萬分的困難，就可以毫無畏懼。就算在日後面對更艱難的問題，也可以用始終寧靜的心態對付千變萬化的困難，進而做出最完美的判斷，最適當的選擇，擁有最非凡的成就。

靜心

浮躁不安的內心不可能在一天之內就完全沉靜，需要透過你長期的努力。只要你可以堅持不懈，持之以恆，你的內心就可以保持鎮定自若。只要你做到這一點，就不會害怕，不會焦慮，做事的時候也可以井然有序。

無法否認的一點是：只要你的思想裡存在憂慮，無論你做什麼事情，它都會阻礙你的正常思維，使你在做出選擇的時候搖擺不定，對自己毫無信心。你的內心世界應該完全沐浴在寧靜的光芒中，不應該籠罩在懷疑的陰雲裡。

只有你的心湖不起波瀾的時候，你才可以被啟發，才可以有正確的判斷。經歷這個思想自律的過程以後，分散的思想力量可以被重新匯集，並且像探照燈的燈光一樣，聚焦你面臨的所有問題上，隨後這些問題很快得到圓滿的解決。

無論什麼困難，在寧靜清晰的思想面前，只能俯首稱臣，甘拜下風。正確地使用這種思想，妥善地利用這種思想產生的力量，就可以實現心中合理的目標。

只有揭開自己內心世界的神秘面紗，認識住在這個世界裡的自己，並且深刻瞭解其本質的時候，抽象的思想能量概念才可以真正得以理解，瞭解它和外在事物存在的千絲萬縷的關係，挖掘它魔術般的潛能，重新調整自我，改善自己的人生境況。

思想就是力量

每個想法都是思考爆發出來的力量，它們憑藉自身的性質與強度，找到適合自己的心態，使人們在對待善惡的時候呈現出不同的反應。只要思考就會產生思想，不同的思想之間的力量也會不停地交換更新。

自私自利的思想是邪惡的，就像兩個人在打球，你把這個破壞力很強的球用力打出去的時候，會刺激及增強對方心中的邪惡，對方會以更邪惡的力量把球打回來。

與之相反的是寧靜的、純潔的、無私的思想，這些思想就是人間快樂的天使，它們的責任

思考的人

是為人類帶來幸福安康，使人類遠離悲傷。它們承擔拯救靈魂、撫平傷痛的任務，還可以讓破碎的心靈重新煥發不朽的光芒。

美麗的思想可以使你的人生在美好的環境中度過。福星與災星之間的區別在於：前者可以隨心所欲地支配自身的力量，後者卻是這些力量的奴隸，受到它們的控制。

寧靜致遠

想要獲得真正的力量，讓自己的心靈保持寧靜，唯一的途徑只有憑藉強大的自我克制力、完善的自我管理體制，以及不斷努力淨化自我。假如無法達到這些要求，就無法真正掌控自己，無法享受幸福的生活，存在價值也是渺小的。因為沒有強大的自制力，就會使自己迷戀邪惡的甜美外衣，使自己成為反覆無常、自相矛盾、性情暴躁之人，進而束縛自己前進的步伐。只有完全征服自己，征服這些邪惡的心態，才可以成就一個幸福美滿的人生。

假如你的情緒非常容易受到影響，沒有自己的主見，就會不斷聽從別人的安排和選擇，脫離別人，你什麼也做不了。只有自己的心靈保持絕對的寧靜，你的思緒才可以被自己控制，你的人生之路才可以依靠自己的力量堅強地走下去，才可以獲得令人羨慕的成績。

感到煩躁的時候，要使自己平靜下來，虛弱的思想入侵內心的時候，用堅強有力的思想趕走它，每天抽出時間清淨自己的頭腦，把自己置身於寧靜的境界。只有這樣，才可以成功地支配自己的思想，讓它的力量幫助自己解決困難，實現人生的美好追求。

這是一個把分散的力量凝聚起來，形成一種強大能量的過程。一個人如果可以達到寧靜的境界，匯聚內在的所有思想力量，並且加以正確地引導，就可以拯救自己的靈魂，使自己的人生結出甜美的果實。

自我約束產生的能量

假如你透過不斷地培養以後，擁有強大的自制力，可以抑制自己衝動的情緒，控制自己的思想，此時你會驚訝地發現，一股全新的的力量悄悄地從你的心裡湧上來。無論你面前的敵人是誰，它都可以使你鎮定自若，你體內潛在的能量也會蜂擁而上，成為你的保護神，讓你全身散發出自信的魅力，幫助你在人生道路上一帆風順。

具備這種新的能量與力量，你的思想將會得到昇華，在你心裡沉睡的「直覺」也會甦醒，迎接你的將是堅定的腳步，和一條通往幸福的光明大道。

心靈的視野被不斷拓寬的時候，你的判斷力會越來越準確，你的眼光會越來越敏銳，你可以捕捉到事物的根本，並且可以預知透過努力以後事情會有怎樣的發展，甚至可以預見事情的

思考的人

結局，一位具有遠見卓識的人就這樣慢慢誕生了。

你的內心衡量事物的標準被重新修訂以後，你的人生觀也會相應地發生變化。改變自己對待別人的態度，別人對你的態度及做法也會獲得改變。利用純潔高尚、頑強堅韌的思想產生的積極向上的力量，成功地擊敗那些低級的、衰弱的、具有破壞性的思想力量，幸福的果實隨你採摘，而且開始真正認識到獲得的快樂、能量、力量都是歸功於自我約束。

你會在不經意或是無意識中，為這種快樂、能量、力量添磚加瓦，吸引和影響更多志同道合者。你的思想世界成功地自我改革的時候，你的人生也會與之相應地發生變化。

「我們的敵人，就是住在我們心中的另一個自己。」想要成為一名有用之才，讓自己更強大更幸福，就要打敗心中那個擁有消極、懶惰、罪惡思想的自我。就像一位明智的君主，知道如何對付貪官、宦官那樣，我們也要學會如何控制自己的欲望。也就是說，我們要有嚴格的規章制度，規定哪些思想可以為我們所用，哪些思想被禁止進入。依靠自我約束取得的每次成功，獲取更強更大的能量。持之以恆，這些能量累積到一定的程度，就會形成我們夢寐以求的智慧、神奇的力量、寧靜的心態，並且可以認識到：**一個人如果成為他心靈的主人，宇宙之間的所有力量都會為他服務。**

健康，成功和力量的秘訣

我們還是孩子的時候，經常沉浸在媽媽或是老師講述的童話故事裡。白雪公主遭到惡毒的皇后毒害，我們會緊張；七個小矮人幫助她的時候，我們會慶幸；英俊的王子拯救她的時候，我們會開心。那個時候的我們，對善良的公主幸福的結局深信不疑，因為我們相信，好人終有善報，壞人終有惡報。我們相信，心地善良之人遭遇危機的時候，可以得到神仙的幫助。

我們慢慢長大以後，「現實」的生活讓我們遠離童話世界，那些陪伴我們入睡的童話故事已經被拋到九霄雲外。我們理所當然地認為，脫離童年的懵懂稚氣才可以使自己成熟而理智，並且擁有力量。然而，如果我們可以巧用自己的智慧，使自己重新成為一個天真爛漫的兒童，就可以回到童年時代激動人心的夢想中，而且最終發現它們都是現實。

神仙是看不見的，卻擁有無窮的法力，賜予好人健康、財富、幸福。其實，在我們的心裡都住著一個神仙，只要經過不斷地努力，瞭解到思想的力量，認識到在人類的內心世界產生作用的法則，這個神仙就會現身，用他的魔法幫助你實現美好的願望。這個神仙實際上就是你的思想，是你的思想產生的能量，與你內心世界的法則和諧共處。他可以使你不斷地自我淨化，幫助你實現美好的願望，並且收穫健康、財富、幸福。

德性的力量

德性是一把完美的保護傘，它的作用是無法估量的。這裡所說的「德行」不是指某些表面上的道德模範生，而是指思想的高度純潔，心靈的絕對高尚，以及對別人無私的關愛，並且沒有任何驕傲自負與貪慕虛榮的雜質。長期堅持美好思想，會使人們沐浴在幸福甜美的冬日暖陽下，身體在不知不覺中吸收更多的力量。

冉冉升起的太陽可以驅散陰影，從心裡散發出來的積極思想的芬芳也可以讓邪惡的氣味羞愧到夾著尾巴悄悄逃走。

堅定無比的信念遇見完美無瑕的純潔，就會產生健康、成功、力量的化學反應，它們的火焰使疾病、失敗、災難煙消雲散。

疾病始發於心

我們的思想狀況影響我們的身體狀況，甚至很大的程度上決定身體的好壞。這個結論得到科學界的一致認同。「我們的身體，塑造我們的形象」的舊物質主義者的迷信思想將會被廢棄。「我們優越於我們的身體。我們思想的力量，塑造我們身體的形象。」這種鼓舞人心的信仰，將會引領時代的潮流。

沒有哪個角落的人們會相信一個人只是因為生病就痛苦到絕望。人們會越來越相信，如果一個人整日無精打采、唉聲歎氣，對任何事物都感到絕望，這個人看起來一定是病懨懨的樣子。所以說疾病始發於心，不久之後會得到越來越多的論證，越來越多人的認同。

邪惡本來是不存在的，是人們的內心滋生宇宙之間的所有邪惡。也就是說，罪過、疾病、悲傷、苦惱，從根本上說不存在任何事物的本質中，也不包含在正常的宇宙秩序中，而是因為我們錯誤判斷事物之間的正確關係導致的直接後果。

如果我們可以早日認識到，自己錯誤的思想和做法會導致疾病纏身，才可以及時注意或是改正，才可以擺脫疾病的困擾，擁有健康結實的身體。假如你不去招惹疾病，疾病也不會無緣無故地找上你。純潔而積極的思想是一個人的保護圈，可以在關鍵時刻提高自身的免疫力，抵禦疾病的入侵，消滅導致疾病的病菌。

思考的人

消極的情緒就是疾病

生氣、擔憂、嫉妒、貪婪、欲望等這些不和諧的音符，其實就是導致疾病的種子，把它們播撒在自己的心裡，讓它生根發芽的時候，怎麼可能期望它可以結出健康的果實？聰明的人為什麼會謹慎地避開這些危險的地雷？因為他們知道，如果踩上，後果不可想像。

擁有健康的心態，才可以讓自己的身體健康，避開危險的地雷，避免炸傷自己的身體。提高思想的純潔度和高尚度，才可以提高身體的免疫力，讓你的身體裡流淌著積極沸騰的血液，你的身體才可以散發出青春健康的芬芳。

如果你可以做到不嫉妒、不懷疑、不焦慮、不憎惡、不煩躁，保持一顆善良溫和的心，就可以擺脫疾病的折磨，疲倦的壓迫。

接下來，我又要說一個故事，這是一個關於心態和身體的故事，也許你可以從中發現它們之間存在怎樣的聯繫。

很久以前，有一個人罹患一種奇怪的疾病，病痛折磨他，使他整日憂心忡忡。他遍訪名醫，始終不見好轉。有人對他說，在遙遠的東方，有一股可以治百病的泉水，只要喝上一口，就可以永保健康。他去了很多地方，終於找到那股泉水，然後裝了一大瓶。他喝完以後，發現自己的病沒有絲毫好轉，反而更嚴重了，他感到非常失望。

有一天晚上，他在一個樹林哀悼自己的悲慘，一個身穿白紗的仙女走過來問他：「你已經嘗試所有的治療方法嗎？你已經病入膏肓了嗎？」他傷心地點點頭，「是的，我已經無藥可醫了。」

仙女對他說：「不對，我有一種方法可以治好你的病，跟我來吧！」

仙女把他帶到一個清澈的湖邊，並且告訴他，這是一個忘憂湖。這裡的水有神奇的功能，只要用這裡的水清洗全身，就可以擁有健康的身體。他毫不猶豫地照做了，糾纏他多年的病痛奇蹟般消失了，他迫不及待地問仙女為什麼會有如此效果。

仙女說：「這是因為你捨棄壓在身上的多餘負擔。」仙女說完以後，就化成一縷青煙消失了。他回家以後，開始認真地自我審視，終於明白什麼是「多餘的負擔」。正是由於這些負擔的壓迫，才會讓他痛苦萬分，他決定徹底地拋棄它們，他做到了。從此以後，他再也沒有感到身心疲憊，再也沒有被病痛纏繞。

健康與成功之間的聯繫

很多人不停地抱怨沉重的工作讓他們的身體和精神超過負荷地運轉，最終把自己逼到崩潰的邊緣。其實這些人之中，多數是因為沒有合理利用時間，才會導致能量被過度消耗，最後造

思考的人

成這樣的結果。想要擁有健康的身體，首先要學會做到物盡其用，把全部的能量用在自己的工作上。焦慮不安、優柔寡斷、自相矛盾只會讓心靈疲憊，讓身體疲乏。

真正的健康與真正的成功思想是和諧一致的，它們是並肩作戰的親密戰友。如果它們攜手共進的時候，思想上的和諧可以生成健康的身體，也可以締造豐功偉績。

心靈就像一艘載滿理想的遊艇，平靜的思想是它的舵，只有掌握了舵，才可以找到正確的方向。堅定的信念可以使理想之船戰勝波濤洶湧的海浪，在浩瀚的大海上自由航行，讓滿載理想的船安全地駛向幸福的彼岸。

信念的力量

信念是困難的剋星，只要依靠信念的力量，就可以順利地完成每個艱鉅的任務。堅定對宇宙法則的信念，堅定做好工作的信念。想要成就自己的豐功偉績，永遠站在事業的頂峰，堅定的信念就是你堅強的後盾，只有依靠這個強而有力的後盾，才可以取得成功。

無論遇到什麼困難，都要用一顆虔誠的心對待自己，聽從內心的呼喚，依循內在的光芒，勇敢地向前走，追求自己的理想。宇宙法則一直在發揮至高無上的作用，只要堅信自己的正確思想，未來等待你的將是美好的幸福。你的信念越堅定，你的人生果實就會越甜美。

信念的力量可以淨化邪惡的汙水，可以把困難這座高山夷為平地，可以使堅定信念的靈魂輕易地成功過關。

親愛的朋友，假如你只是依靠金錢堆建一座華麗的宮殿，遲早會被腐蝕，無法逃脫倒塌的厄運。想要擁有一座堅固的城堡，就要用永恆的基石做鋪墊，用最堅實的材料來建造。只有堅定的信念，才可以滿足你的要求。它擁有幸福、平靜、力量的魔力，可以抵禦最惡劣的災害，可以使你的人生大廈不會倒塌。

被悲傷捲入萬丈深淵的時候，堅定的信念是你的救命繩；被幸福推到九霄雲外的時候，堅定的信念是你的保護墊。所以無論何時，不要鬆開信念的手，它牽著你的時候，所有邪惡的勢力就會無法靠近，可以幫助你實現夢寐以求的成功。

堅定的信念可以驅散懷疑的烏雲，讓人生擁有自信的光明。信念的無限力量，可以讓人生道路平坦順暢！

信念帶來成功

當今社會上的很多人，雖然他們都是平凡的血肉之軀，但是他們可以用堅定的信念進行自我保護。他們用信念鑄成一把劍，並且不斷磨練它，使它成為一把鋒利無比的神奇之劍，消滅悲傷和失望，讓身體的疼痛和精神的疲倦落荒而逃，最終自由翱翔在蔚藍的天空。

如果你也可以擁有一把這樣的信念之劍，就不必再擔心失敗找上門，因為你知道正確的思想和長期的努力可以收穫成功的果實。你可以輕鬆自信地站在自己的工作崗位上，愉快地工作。

我曾經認識一位女士，她的臉上總是掛著滿足的微笑，她的朋友們非常羨慕她的生活，認為她的運氣很好，總是可以夢想成真。

不錯，只從外表上看，確實是這樣。然而，現實是怎樣的？這位女士也曾經為失敗而苦惱，可是她從未停止追求理想的腳步，她的內心世界充滿幸福，別人看到她臉上的微笑，正是對於內在幸福的直接反映。生活告訴我們，即使把未來想像得無限美好，沒有辛苦的付出，終究是畫餅充饑。聰明的人不僅有甜美的夢想，還有不斷付出的努力，他們在努力的過程中，耐心等待夢想之花的最美綻放。

不可否認，這是一位聰明的女士，她沒有忽略內在的努力，並且在精神的推動下，用堅定的信念作為自己構築希望殿堂的基石。在這所殿堂裡，充滿愉快和關愛的氧氣，使她隨時沐浴在幸福的空氣中。她的眼睛充滿希望，她的容顏充滿青春，她的言行舉止無不彰顯生命的氣息。

你創造了自己的命運

別人可以做到的，你也可以做到。你就是自己人生的編劇，你譜寫人生的樂章，你構思自己的成功和失敗。人生若如戲，你就是最具影響力的主角。這是因為，你的那種佔據支配地位的思想就是評審，決定你的命運與榮譽。奉獻你無私的愛，培養至純至善的思想，幸福就會叩響你的門，雙手捧上寧靜、滋潤的生活。如果你的心中充滿仇恨，讓骯髒醜陋、悲傷不幸的思想填充你的腦海，厄運就會像幽靈一樣，如影隨形地跟著你，把你的生活搞得一團糟。

命運就是你手中的泥，隨你怎麼捏造，你就是它的作者。每時每刻，你都在產生一種力量，這種力量要麼幫助你的人生，要麼摧毀你的人生。只要長期保持一顆無私的心，不斷注入善良的血液，你的影響力將是深遠的，你的成功也是偉大的。如果你給自己的內心穿上自私的外衣，戴上自利的帽子，即使日後你腰纏萬貫，你的影響力也是那麼渺小，你的成功也是那麼微不足道。

堅持純潔無私的精神，堅定堅強正確的信念，專心地實現自己的遠大目標。只有這樣，才可以盡可能多地挖掘埋藏在內在的潛能，才可以取得永恆的成功，才可以保持健康的身體。

獲得真正能量的秘訣

就算你在人生的低谷，沒有心思工作，也要打起精神，全力以赴地投入到你的工作中，並且不斷告訴自己：「一定會有機會！」只有隨時喚醒積極的心態，機會降臨的時候，才不會讓它溜走。把握住機會，並且憑藉源自積極心態的智慧與遠見，偉大理想的實現也就指日可待了。

無論你的肩膀上扛著怎樣的使命，都要把你的精力和能量毫不保留地投入其中。只有每個任務都可以圓滿完成的時候，才有資格完成更大的使命。相信自己，只要不斷努力向上攀登，就可以到達成功的頂峰，這裡蘊含著獲得真正能量的秘訣。

不斷地摸索，尋找保護資源和能量的方法，使它們可以隨時為你的目標效力。愚蠢的人只會把自己的精力耗費在無聊的事情上，把自己的智慧耗費在錯誤的事情上，為了一點蠅頭小利而汲汲營營。

忍耐的力量

只有沉著冷靜、耐心忍讓，才可以擁有征服一切的力量。立場必須堅定，意志必須堅強，這是獲取力量的必備條件。誰來告訴我們什麼是力量？巍峨聳立的泰山、傲雪迎霜的臘梅，還有長在崑崙山上的那些小草，它們在說：「力量是莊嚴，是忍耐。」具有忍耐精神的人，即使離開自己生活的群體，也可以泰然自若、悠然自得。

一個遊手好閒的人，只能借助別人的幫助而苟活，無法獨立生活。然而，堅強勇敢之人、智勇雙全之人、莊嚴謹慎之人，即使是在杳無人煙的深山老林或是一望無際的沙漠海洋中，依然可以憑藉自身強大的忍耐力，自我挑戰，自我突破，最終收穫人間最甜美的勝利果實。

濫用能量就會產生情緒，所以說，情緒是能量沒有得到妥善利用的結果。情緒像狂風駭浪一樣，無情地擊打岩石；力量像岩石一樣，始終不躲不閃，堅定不移。

人們都對馬丁・路德・金恩（著名的美國人權運動領袖）這位英雄人物的事蹟有所瞭解。有一次，他打算去沃姆斯，有些朋友為了他的安全著想，勸說他取消這次出行計畫。馬丁・路德・金恩對他們說：「即使沃姆斯那裡的惡棍，像房頂上的瓦片那樣多，我仍然要如期前往。」這幾句話表現出馬丁・路德・金恩真正的力量。

班傑明・迪斯雷利（英國保守黨領袖、三屆內閣財政大臣，兩度出任英國首相）曾經在議會發言的時候，遭到台下許多人的嘲弄。這個時候，他面無懼色地對嘲弄者宣稱：「總有一天，你們會把可以傾聽我的講話視為一種至高的榮譽。」簡短自信的話語中，透露出他潛在的力量。

思考的人

讓你的人生擺脫瑣事的困擾

如果你不具備這種能力，可以透過不斷努力實踐以獲取這種能力。如果你擁有這種能力，就等於擁有智慧。過去的你，可能整日無所事事，到處搬弄是非，身陷毫無意義的漩渦中，虛度年華。今天，就是現在，你必須要重生，遠離無聊的玩笑，以及無謂的糾纏，因為這些東西不值得你在它們的身上浪費寶貴的能量。

聖・保羅（基督教聖人）在人類發展史方面很有研究，但是從來不會為了抬高身價而到處吹噓。有些人勸他應該經常對外宣傳自己的研究課題，他說：**「無聊的談論，以及沒有意義的自我宣傳，對於一個人的進步沒有任何好處。」**事實上，如果你養成到處吹噓的習慣，將會為此而耗費許多寶貴的精力。

只要你可以確保自己的能量不被繁雜瑣碎之事無故損耗，才會明白真正的能力代表什麼。你可以為自己設置一個更美好的願望或是更高雅的愛好，它們會讓你集中精力，專心地追求你想要的，這也是一個讓你進步的過程。

專心，可以讓你力量倍增

首先，不要太貪心，只要為自己設置一個有意義的目標，並且抱持必須實現的態度，不要讓任何事物轉移你對它的專注。循序漸進地學習，切勿急於求成。對自己的工作要做到深刻認識、全面瞭解，並且全力以赴地超越它。用你神聖的內心和智慧的頭腦，指引你完成每個工作，一步一個台階往上走，征服一座又一座山峰，你將會看見前所未有的廣闊風景，明白人生最根本的追求。

可以自我淨化的人，就可以擁有健康的身體；可以做到自我約束的人，就可以擁有強大的力量；可以摒棄自我奴役、自甘墮落，而且堅持偉大的宇宙法則之人，就可以擁有成功的事業。健康、成功，以及不斷增強的能力和影響力，都是屬於這些人。這是永遠不會有任何錯誤的宇宙法則中的一部分。

健康身體的秘訣，是擁有純潔的心靈、井然有序的思維；事業成功的秘訣，是具備堅定的信念、明智而確定的追求。同樣地，強大的力量需要用堅定的意志做韁繩，馴服欲望的野馬。

無限幸福的秘訣

每個人都無法掩飾對幸福的渴望，但不是每個人都可以真正認識它，擁有它。窮人想要金錢，認為有錢就會幸福。富人認為金錢堆積的空中樓閣只是空虛和寂寞，他們想要尋找幸福的足跡比窮人還要困難。

假如我們可以沉著冷靜地認真思考人生的意義，就會明白，單純的奢華物質生活無法讓我們幸福，單純的物質貧乏也無法決定我們會不幸福。如果有錢就幸福，沒有錢就不幸福，富人就會生活在幸福的蜜罐中，窮人就會生活在水深火熱中，但是現實生活告訴我們，事實並非如此。

在我們的周圍，生活著這樣一些人，他們出入高級的餐廳，居住豪華的別墅，然而在他們的臉上，很難見到真心的微笑。相反地，那些生活非常幸福的人們，可能只有一份普通的薪水，勉強過日子。很多站在財富頂端的人坦誠地說，他們用自私的手段謀取利益，踩著別人的肩膀獲取財富，貪婪的欲望如果開始就像高山滾石，隨時擔心最後傷害自己，再也無法像貧窮的時候那樣，過著充實幸福的生活。

欲望的誤解

究竟什麼是幸福？如何才可以獲得幸福？幸福是人們的想像還是幻覺？

根據人們對幸福的不同定義，透過細緻的分析得出一個結論，那就是：除了已經走上智慧道路的人們，其餘所有的人都認為，幸福就是某種欲望得到滿足。正是由於這種無知的思想不斷累積，形成自私的信念，進而導致世間所有的不幸。

這裡所說的「欲望」，不是單純的生理欲望，還包括更高級複雜的心理欲望。這種欲望的破壞力更強，誘惑力更大。它就像一杯有毒的雞尾酒，讓你沉迷於絢麗的色彩、甘甜的口感，不知不覺中謀殺你心中的天使。你必須知道，心中純潔美麗的天使才可以讓你幸福。

絕大多數的人們無法否認，這個世界上所有的不幸都是源於自私。然而，他們總是不知不覺走入這個使自己自私的迷宮中，互相指責對方，冷眼嘲笑別人的愚昧，不知道自己也是一隻迷途的羔羊。假如你不再自欺欺人，願意對自己坦白，是你的自私造成那些不幸，幸福就會張開雙臂接受你。但是，如果你執迷不悟，指責是因為別人的自私破壞你的幸福，奪走你的快樂，就等於親手把自己捆綁在地獄中。

歡樂與平靜可以顯示內心的完美滿足，幸福就是那種完美滿足的內心狀態，所有欲望都會從那種狀態中祛除。只是依靠滿足欲望而獲得的那種滿足，是非常短暫的、虛無飄渺的，而且隨之而來的是對滿足欲望的更大需求。

欲望得到滿足之後，更大的欲望又會出現，奴役走入歧途的人們，並且指揮他們不斷為其服務，直到人們身心疲憊，最終在不斷膨脹的欲望面前筋疲力盡。

欲望就像一座人間地獄，嗜血的刑具發出猙獰的笑聲。消滅欲望，等於讓地獄灰飛煙滅，萬物重生，快樂的精靈在輕舞飛揚。

我借助於無形的力量，送了一封關於來生的信給我的靈魂。我感覺到自己的靈魂逐漸地向我靠攏過來，並且悄悄地在我的耳邊說：「你既是天堂，又是地獄。」

天堂與地獄，實際上只是心態

天堂與地獄，都是一種內在的自我狀態。如果你沉溺於自我世界中，只知道如何滿足自我，實際上已經將靈魂墮落到地獄中；如果你拒絕沉迷於自我世界中，可以達到忘我的境界，實際上已經步入天堂。

自我其實是盲目和不加評判的，它無法匯出真知，而且總會將人們拖入到苦難之中。正確的感覺、沒有偏見的判斷以及真知，只屬於神聖狀態，而且只有真正認知和體會到這種狀態的時候，才可以明白和瞭解什麼才是真正的幸福。

假如你只考慮到自己的利益，只為滿足自己的私利，無法找到幸福的蹤跡。然而，假如你可以做到心無雜念，只為別人著想，幸福就會隨時恭候你，你的人生將會是美妙而圓滿的。

主動關心別人的人，內心是充滿愛的。真正的追求應該是給予，而非索取。無論你想要獲得什麼，或是有哪些渴望，只有你的內心隨時想著要給予的時候，你的內心才會充滿愛，才可以收穫有意義的人生。

只有給予，才有收穫

你的世界只有自我的時候，你的世界就會只有悲傷；你的世界有別人的時候，你的世界就會有平靜和諧。自私自利，不擇手段只為自己，這樣的人不會幸福，還會成為幸福之路上的迷途羔羊。例如：貪吃者為了滿足他們不知足的胃，沒有節制地吃喝。最後，大量的山珍海味、美味佳餚，只會麻痺他們的味蕾，導致他們食不知味。

然而，對於那些可以控制自己食欲的人來說，食物只是為了填飽肚子，不會把自己的快樂

思考的人

寄託在吃喝之上，就算是普通的菜餚，對他們來說也是美味的。對於只想到自己的人來說，他們的幸福就是滿足自私的欲望。然而，他們不擇手段地滿足自己欲望的時候，才會發現自己費盡心思得到的是失落。**「只為自己追求幸福的人，永遠看不見幸福；只為別人追求幸福的人，幸福就在他們的身邊。」**

只要打開束縛自己的那把自私自利的枷鎖，自願奉獻，毫不保留地給予，幸福就會張開它的雙臂擁抱你，你會發現自己犧牲的那些利益，將會換取更大的回報。付出就有收穫，給予就會快樂。人生之道就是自我奉獻，自我犧牲。

尋求幸福

假如我們只是想要追求虛無飄渺的物質，怎麼可能跟上幸福的腳步？只有把所有的精力聚集在永恆的事物上，全心全意地追求它們，才可以找到真正持久的幸福。

所以，打破短暫的滿足感，走出短淺的目光，才可以進入永恆的世界。用純淨的神聖之水洗去身體和心靈的骯髒，洗出一個純潔的自己。讓心靈充滿愛，裝滿無私，就可以走出自我的困境，獲得強而有力的永恆意識，你獲得的幸福也是永遠不會褪色的。

隨時可以為了別人犧牲自己利益或是生命的人，他們感悟到人生的真諦，所以不僅是最幸福的人，他們的靈魂也是至高無上的。

在精神世界裡，幸福與和諧是同樣的意思。和諧要表達的是愛的精神，自私是對這種精神的破壞。自私從根本上破壞神聖的秩序，假如我們可以深刻地認識它的本質，我們的耳邊就會響起和諧美妙的旋律，才可以隨著動聽的音樂舞動幸福的生活。

世間忙碌的身影只為尋找心中的幸福，因為他們無知的思想、機械化的行為，所以幸福只是一個解不開的謎。只有接受沉痛的教訓並且深刻地反省以後，他們的慧眼才會打開，才可以看見自己體內隱藏的幸福，還有每個角落裡堆滿的幸福。但是由於自私矇蔽他們的雙眼，所以他們看不見幸福，也找不到幸福。

幸福的秘訣

我一直都在努力地追求幸福。為了可以擁有它，我爬過高大的橡樹，蕩過搖擺不停的常春藤，可是我無法追上它，它如煙一般轉身離去。為了可以追上它，我穿過峽谷，越過田野，來到一條小溪旁，可是我還是沒有發現它的蹤影。為了它，我順流而下，可是仍舊一無所獲。我還是不放棄，努力爬上陡峭的懸崖，橫渡汪洋的大海，然而幸福總是與我擦肩而過。

我已經疲憊不堪，全身無力，幸福似乎不屬於我。我停止追求幸福的步伐，灰心喪氣地坐在荒涼的河岸邊。有一個人走到我的身邊，祈求我給予食物；另一個人走到我的身邊，請求我給予施捨。我把麵包和黃金分別給予這兩個瘦弱的人，滿足他們的需求。有人走過來尋找同情和安慰，有人走過來尋求內心的安寧，我盡己所能地幫助他們。

就在此時，幸福突然降臨到我的身邊，用溫柔的聲音，甜蜜地在我的耳邊說：「現在我是屬於你的。」

鮑里斯（又稱鮑里斯一世，是保加利亞沙皇）寫的這段優美的文字，道出獲得幸福的真正秘訣。只有不計較個人利益，拋棄那些虛偽和浮華的東西，才可以獲得永恆的幸福。狹隘的自我，就是讓所有事物圍繞著人類自私的欲望和利益。但是如果可以擺脫狹隘的自我，就會像接受上帝的洗禮，隨時沐浴在愛與幸福的光照中。

如果可以忘卻自己的利益，隨時把別人的痛苦和利益放在心中，用自己的力量去幫助別人，永恆的幸福會把你從悲傷與苦難中徹底解放出來。**「第一步，樹立一種良好的思想；第二步，說出溫暖體貼的話語；第三步，採取正確的行動。依靠這三步，就可以進入天堂。」**依照同樣的步驟去做，你也可以進入天堂。天堂並非遙不可及，它就在那裡，無私奉獻是通往天堂的唯一途徑。前提條件是：要有一顆純潔的心。

如果你還沒有瞭解如何獲得這種永恆的幸福，可以從現在開始努力地獻出自己的愛，可以憑藉這樣來實現你的抱負。抱負或願望是促使你不斷前進的動力，它會發掘你的潛能，讓心靈的神聖資源得以開掘。在那裡，你可以找到靈魂永久的滿足。心中有遠大的抱負，欲望中那些具有破壞力的東西會被轉化為無處不在的巨大能量。

只有脫離欲望的控制，才可以樹立遠大的抱負。憑藉遠大的理想掙脫欲望的魔爪，收穫的價值將是無法計算的。

奉獻的歡樂

如果你願意讓自己陰暗的一面沐浴在陽光下，掙脫身上所有的枷鎖，就可以體會奉獻帶來的快樂，也會讓你看清索取的面孔是如此的悲哀。你可以向貧窮的孩子們奉獻你的勞動所得，可以為國家的偉大事業奉獻你的聰明才智，也可以為受災的人們奉獻你的愛心。真心誠意地奉獻，不計任何回報的時候，就會真正懂得奉獻是幸福的，比你得到的還要幸福。

付出純潔之愛以後收穫的往往是幸福。如果在做出奉獻之後，希望得到感激，或是一份榮耀，如果沒有得到，反而感到鬱悶難受，你付出的愛心實際上是虛榮心，你想要的也是虛榮心在作祟。你的所作所為只是披上奉獻的外衣，並非發自內心的無私奉獻，如果你最終目的只是為了得到，你的行為只是一種交換。

思考的人

想要獲得真正的幸福，就要在自己的心裡隨時想著不圖回報的奉獻，想別人之所想，做別人之所想。

隨時準備犧牲自己的利益，隨時防禦自私思想的偷襲，只有這樣，才可以登上幸福的山頂，披上無私奉獻的錦衣，沐浴在幸福的朝陽下。

富有的實現

一個真正富有的人是誠實可靠的，是信守承諾的，是心地善良的，是大公無私的。因為真正的富有表現的是一個人的內在，如同幸福，是從內而發的。假如內在不具備這些良好的品格，這個人將是貧窮的。

貪婪可能會使一個人擁有金山銀礦，但是也會把他拘束在卑鄙無恥、悲哀淒涼的沼澤中。因為貪婪之人的眼睛裡只會看見別人口袋裡的鈔票，費盡心思想要得到更多。但是，有些人也許擁有的財富不多，但是他們的善良是他們內心真正的財富。貧窮的人欲壑難填，富有的人知足常樂，更富有的人會對處於困境的人慷慨解囊。

我們生活的宇宙是美麗的，我們的周圍有許多美好的事物，無論是物質還是精神。但是為什麼有那麼多的人只為幾張沒有生命力的鈔票而感到痛苦？假如我們冷靜地思考，就會找到答案，我們會發現自私是無知的表現，自私也是毀滅性的。自私地追求利益，最終會導致自我毀

思考的人

滅。

自然界毫無保留地給予一切，最終它沒有絲毫損失；這個世界的人們索取一切，最終卻失去一切。

真正的富有

想要成為真正富有的人，就不要聽信讒言，不要和那些貪婪自私的人同流合汙，也不要讓所謂的「競爭」泯滅內心的良知，摧毀正直的堅定信念。我不想去探究某些人口中的「競爭法則」，只知道宇宙之上的法則從未停止它的作用。正直的人都明白這一點，那些以自我為中心的人們何時才可以醒悟？認識到宇宙定律，就可以對所有不誠實、不正直的現象毫不妥協，因為我懂得不誠實、不正直的結局是什麼。

不管發生什麼困難，都要堅持自己正確的觀點，並且堅信宇宙定律：堅信存在於宇宙萬物中的神聖能量，堅信它會永遠陪伴你，成為你堅實的保護傘。這種信念植根於你的內心深處，你的付出就會成為一種收穫，所有阻礙你進步的苦難將會夷為平地。永遠保持正直誠實、慷慨大度、充滿愛心的良好品格，它們會發出美麗的光芒，引導你找到真正的富有。

不要被某些人「先己後人」的人生哲學誤導。如果你讓這種哲學成為人生嚮導，你的世界裡不會有別人的利益，也不會在意別人的痛苦，你的世界只有自我。長此以往，你將會成為每個人唾棄的對象，你感到孤獨無助、悲傷哭泣的時候，沒有人會向你伸出援手。先己後人的思想會阻礙高尚品格的形成，會抑制美好事物的生長。你必須打開自己的心扉，讓你的愛心走出心房，飛向需要它的人們。你會無比快樂，永遠快樂，收穫滿載財富的人生。

行走在正義道路上的人們，可以避免競爭帶來的痛苦；神奇的力量會保護正義的忠實擁護者，這不是神話。在我們生活的世界中，存在很多正直之人，他們依靠信念的強大力量，化解競爭的毒素，收穫甘甜的果實，那些陷害他們的人會作繭自縛。

一個人擁有可以使自己善良的所有品格，就像擁有強大的武器，可以消滅所有邪惡的勢力，遇到危險的時候，就會發出自我保護的信號。對這些品格的培養如同對成功的追求，對富有的收穫。

—第三篇—

命運的主宰

我們對自己發號施令，才有了我們的各種行為，才有了我們不同的品性。由於我們對自己實施各種行為，塑造各自的品性，所以說我們是自己命運的設計者和施工者。

行動、品性、命運

隨著物質世界演變定律的發現，人們逐漸對思想世界的因果定律有一定的認識。思想在它的秩序和進步上與展現思想的物質形式相比是平分秋色的，思想與行動都在不斷地累積能量。善良的人們因為其獨有的「適應性」，可以在思想及行動的王國中生存下來，邪惡的人最終逃不出滅亡的命運。明白因果定律以後，就不會杞人憂天，擔心人類的命運，或是自己的命運，因為自己就是命運的塑造者。掌握自然定律以後，就可以更好地理解精神定律。每個人可以選擇自己渴望的，邪惡成為愚昧無知之人的選擇，善良成為聰明智慧之人的選擇。

透過宇宙定律我們得知，悲慘的結局是邪惡者難逃的命運。對人類來說，分離與悲傷、失敗與死亡，是勝利掌握命運的自律之路。如果每個人都可以在自己的人生之路上嚴格遵循宇宙定律，按照正確的方向前進，就可以找到幸福的殿堂。

從古至今，都流傳著宿命論。很多人接受所謂「天意」或是「命運」的說法，認為自己的命運或是國家的命運是由一種神秘而無法預測的力量所決定，這種信任源自長久的生活或是細微的環節。有些人認為，自己無法控制很多事情的發生，對它們的發展也無能為力。

例如：他們無法控制生和死，無法避免生活中發生的某些事情，那些必然發生的事情。他們繃緊神經，用盡全身的力氣只為達到某個目的，然而結局卻讓他們感到心有餘而力不足，他們認為有一種無法與之抗衡的力量在阻止自己，摧毀自己所做的努力，並且諷刺自己的微薄力量。

他們在人生的道路上前進的時候，經常會屈服在這種神秘的力量下，受到它的影響。他們不知道這是什麼樣的力量，只知道它會影響自己或是改變自己的處境，因此有些人叫它「上帝」，有些人稱它為「天意」或是「命運」。

詩人和哲學家還有許多熱衷思考的人們，他們會選擇安靜地觀察這種神秘的力量，研究它的運轉。他們覺得這種力量似乎不管對錯，喜歡誰就會給誰好處，討厭誰就會懲罰誰。

特別是非常熱衷戲劇研究的偉大詩人，透過對自然界的細緻觀察以後，會在他們的作品中將這種神秘的力量展現給世人。希臘及羅馬的劇作家，他們故事中的英雄們，似乎都是自己命運的預言家，知曉未來，而且可以採取行動，改變自己的命運。在他們採取的行動中，又不可避免地導致之後遇到的困苦，也就是他們想盡辦法要避免的厄運。

思考的人

另一方面，莎士比亞筆下的人物，卻無法預知自己的未來命運（他們至多可以有所預感）。因此，根據詩人們所說，不管人們是否可以預知自己未來的命運，他們都無法擺脫它，他們每次有意識或是無意識的行動，都是朝著註定的命運前行。

奧瑪・開儼（十一世紀波斯詩人，也是數學家、天文學家、哲學家）寫的「移動的手指」，生動地表達這種命運觀：

移動的手指寫著、寫著、不停地寫著。只要它寫下來，白紙黑字已成定局。你根本無法改變它，即使你用傷心的眼淚，也無法洗刷掉任何一個字。

所有的國家、不管是現代還是古代中的男女，在自己的人生旅途中，都曾經體驗過這種無形力量的驅使。現在，在我們國家，「謀事在人，成事在天」這句諺語，充分而準確地說明這一點。

境遇與自由意志

然而，我們必須承認，還有很多人擁有相反的信仰，那就是：追求自由是我們的責任，命運的主人必須是自己。

所有我們接受的道德教育，實際上都是對「我們有自由選擇人生道路的權利，可以自主決定如何書寫我們的人生篇章」的肯定，而且我們不斷地努力讓自己的夢想變為現實，也是無聲地宣告自由意志的力量。一方面，有些人不斷地感歎命運早已天定，半點不由人；另一方面，有些人堅信自己才是人生的主宰。這兩種不同的生命體悟，引發宿命論的信仰者與自由意志的支持者之間持續不斷沒有結論的爭論。這種爭論最近有另一種稱謂：「決定論對自由意志」。

在這兩種明顯衝突的極端之間，還有一個表現平衡的「中間路線」，它涵蓋兩種極端，但是無法明顯地指出它偏向哪一邊。這個「中間路線」是兩個極端衝突的接觸點，而且對兩者進行協調。

真理是公平的，它不會站在任何一方，而是堅定地站在公平的立場。可以說，它是極端的調解員。在我們的生活中，在我們思考的事件中，我們發現極端衝突的兩者還是不可否認地被聯繫起來。把命運與自由意志密切聯繫起來的「黃金途徑」就是「道德領域的因果律」，命運和自由意志充當這個定律的兩個方面。

因是自由意志，果是收穫

道德因果律包括命運，也包括自由意志，每個人要承擔的責任和其得到的命定結果缺一不

思考的人

可。因為因果必須是對等的，有因的定律，也會有相對應的果的定律。無論在物質方面還是在精神方面，因果關係的天平必須永遠保持平衡，永遠保持在正義的水平線上，永遠保持完美的本色。因此，每一種果，都可以被稱為事先註定的命運，事先註定命運的力量就是因，而不是隨心所欲的指令。

每個人都會發現自己的人生其實是由各種因果循環構成的，隨時在因果關係的天平上搖擺。這包括播種，也包括收穫。我們的言行舉止，都可以找到相對應的果來平衡其相對的因。如果我們選擇某種因（也就是自由意志），就無法選擇、更改、逃避果（這就是命運）。因此，自由意志代表開始選擇因的能量，命運牽扯到果。

綜上所述，生活在這個世界上的每個人，都在朝著自己選擇的方向前進，他們的目的地是可以預見的。選擇是正確的，結局就是成功的；選擇是錯誤的，結局必定是悲慘失敗的。

品性就是機會

也許還有人在對自己的行為進行狡辯，不願意對自己的行為負責，認為所有事物都是品性導致的結果；他們認為品性是天生的，是註定的，和他們沒有關係，或是不必承擔任何責任。假如每個人剛出生就有品性，要道德準則做什麼？何必浪費人力物力進行道德教育？事實證明，他們的話純屬無稽之談，一個人的品性是透過他後天的培養，是道德教育下的產物，是他成長過程中的結果。

一個人品性的形成，會經歷無數次不同的行為。也就是說，我們的一生是一個非常漫長的過程，品性是在經歷很多人生階段以後修煉而成的。每個新生命的降臨都在預示人生之旅的開始，旅程的進行也就表示複雜品性的形成。他們理所當然地以為品性是天定的，自己只是被迫接受，自身並無責任。真相是：這些品性的形成，源於他們自己前生的行為。

每個人都在實施自己的行為，每個人都在塑造自己的品性。正是因為這樣，所以我們順理成章地成為自己命運的構築者。我們擁有改變自己行為的力量，使用這種力量的時候，我們的品性也會做出相應的改變。無論我們把改變的天平偏向善良或是邪惡，我們都在為自己填寫新的命運篇章，然而行為的本質決定我們的新命運究竟是坎坷還是如意。

而且品性也決定我們的機會：作為行為的固定綜合，品性承擔和決定我們做出的那些行為的結果。那些行為的結果作為道德的種子，深埋在品性的幽暗之處，在適合的時機，這些種子就會發出嫩芽，逐步生長，最終長出果實。

思考的人

機會是公平的

很多人都在感歎命運的不公平，但是實際上，任何降落在我們頭上的事情，不是無緣無故的，它們都是我們自身的反映。那些不斷被自己的不幸驅趕的人，不管怎麼努力也無法逃脫痛苦，即使祈禱也無濟於事，其實就是因為他們之前做出錯誤的行為而導致現在這樣的結果。他們不管是收穫美滿的幸福，還是承受難以想像的苦難，其實都是他們自己造成的，是他們以前發出的人生之聲的迴響。

這種完美的定律，每時每刻都在發揮作用。一切都如神聖般的公平，這種公平可以在任何人類活動中表現出來。公平會讓善良的人去關愛他的對手，擺脫仇恨、嫉妒、抱怨等負面情緒，因為他知道，自己付出什麼，最終才可以收穫什麼，即使他暫時充當被壓迫的人，即使他暫時被充滿敵意的人包圍。遭受苦難的時候，他不會怨天尤人，而是安靜地承受這一切，耐心地償還自己以前欠下的道德債。

然而，這些事情並非他可以做的。他一邊要耐心地償還自己的道德債，一邊要注意不欠下任何新的道德債。他必須控制自己，讓今後自己的行為不再出現任何偏差。在償還邪惡債務的同時，他可以開設自己的良好帳戶。透過終結自己的錯誤行為，他可以終結邪惡及苦難。

際遇的決定

接下來，讓我們看看在際遇的決定這個具體例子中，定律如何透過行為及品性來運作。首先，我們認真觀察現在的人生，因為現在的人生是整個過去的綜合，一個人昔日的行為帶來的結果都被包含其中。

在現實生活中，還存在一種現象，那就是：善良的人們會遭受苦難，卑鄙的人卻可以擁有財富。這些事情好像證明「善有善報，惡有惡報」是錯誤的。因此，很多人開始對正義產生懷疑，懷疑正義定律的作用，甚至相信壞人才有好報。然而，真實存在的道德定律不會因為誰的否認就會改變或是消失。

我們應該明白，世界上的每個人，無論男女，都不曾停止改變。也就是說，今天的好人不代表在此之前一直是好人，今天的壞人不代表日後永遠是壞人。甚至可以說，此時此刻高舉正義旗幟之人，也有一段不光彩的過去。現在善良的面孔，在過去的某段時間卻是凶狠殘忍的，也許現在你看到的他是純潔美麗的，在那些曾經的歲月裡他確實骯髒醜陋，這樣的情況不足為奇。

同樣地，生活中還存在很多其他的現象，例如：現在不是正義之士，在未來的某個階段卻是正義的化身；現在凶狠殘忍的惡人，在以後的某段時間卻是溫和善良的好人；現在骯髒醜陋之人，在他的某段人生中卻是純潔友善的。

這也可以說明，現在的好人為何會遭受苦難，正是因為他們在償還之前種下的惡果。同樣地，今日他們種下的善良之果，在日後的某一天，也會收穫甜蜜幸福的果實。那些在今天滿面春風的壞人，他們今日的快樂是因為他們之前播種的善果成熟了，但是他們在將來也會收穫今天種下的邪惡之果。這就是「善有善報，惡有惡報，不是不報，時候未到。」

通常，我們只會看見眼前的果，不會想到造成這個果的因。假如我們從現在的結果裡無法找到任何原因，它一定是躲在很久以前。任何一個人的成長之路，都是一個不斷變化之路，在這個路途中會遇到許多順利或是挫折，這個過程實際上就是因果的反覆輪迴。人生也是在因果中不斷演變，不停地向前進展。

品性是習慣的綜合

某種固定的思維會形成習慣，付諸於某些行為，進而成為一個人的品性。反覆出現的行為會變成一些慣性行為，它的主人會在無意中實施這些動作，它的發生似乎是必然的，就會形成一個人的品性。

因此，一個人的品性是他在自我演變的成長過程中，由自己的某些固定思想和慣性行為結合而成的。也就是說，他可以選擇善良或是邪惡的人生，然後讓自己的品性朝著他選擇的方向演化。

例如：一個忠厚誠實之人，很有責任感也很勤勞，可是他失業了。為了找工作，他四處奔波，可是依然沒有人願意雇用他。說到這裡，我們可能會感歎世界的不公平。

但是，如果我們瞭解他的過去，就可以理解他為何會落入現在這麼窘迫的處境。曾經，有很多工作的機會被他毫不珍惜地扔掉了，那個時候在他的眼裡，工作太辛苦，所以在工作中，他經常偷懶。而且那個時候，在他的腦海裡只有休息，他認為什麼都不必努力做，沒有意識到自己擁有的一切是多麼珍貴。

他不必工作的願望成為現實的同時，他舒服安逸的生活也成為居無定所的流浪生活，這就是他收穫的惡果。

他原本的夢想就是可以不必做事，現在夢想成真了。他會在很長的一段時間內保持這種狀況，直到生活給他深刻的教訓，才會體會到工作的可貴、勞動的幸福，才會明白無所事事的日子是多麼空虛，好逸惡勞的人是多麼可悲。

正是由於他曾經的那些想法和行為，給他帶來今天的結果；現在他渴望工作，只要他付出行動，永遠不放棄地尋找機會，他現在的想法和行為也會在不久的將來成為現實。他的勤奮努力會改善他目前的處境，因為消除導致惡果的因，所以他可以收穫甜美的善果。他全心全意找工作的時候，就會抓住所有可以工作的機會，抓住機會以後才會加倍珍惜，誠懇認真地對待。如果他可以這樣做，美好的生活就會降臨。假如那個時候他還不明白生活中的因果關係，就會對身邊的朋友們還在努力爭取面試，自己卻已經擁有一份滿意的工作而感到疑惑。

甜蜜的果實與苦澀的果實

世間所有的果都有它的因，就像影子的出現一定有它的實體。也就是說，結局不會憑空出現，就像努力奮鬥之人必定會堆積財富，好高騖遠之人必定陷入悲慘淒涼的行列。因此我們可以說，每個人今天的結果是因為他之前的所作所為，他的思想和行為決定他的命運。

每種品性的形成都是這個道理。行為就像一顆種子，如果被播種就會生根發芽，形成一個人的品格。這顆種子不只是在今天播種，早在世世代代的生死輪迴中就已經根深蒂固。你收穫的就是之前自己耕種的。也正是自己行為的結果，即使是難以下嚥，也都要親口吞下。

不要企圖依靠邪門歪道，透過那些傷天害理之事獲取財富，因為這些行為最終會使你臭名昭著。無私奉獻、願意與別人分享財富之人，最終他的精神世界是美滿幸福的，他的名字也會流芳百世。心懷不軌、卑鄙無恥之人，也許他們的陰謀會在某一天得逞，然而最終等待他們的是法律或是良心的懲罰。胸懷坦蕩、誠實善良之人，人們會對他們伸出善意的援手，並且尊重他們。所以我們可以說，無論是卑劣還是高尚的行為，都會長出它們各自的果實，同時也宣布它們各自主人的命運。

培養品格的學校

所有的證據都指向一個問題：每個人的人生都是「播種什麼，才會收穫什麼」。現在我們所有關心政治和社會的眼光，全部聚集在對品格的培養問題上。

無論是個人還是國家，都是「種瓜得瓜，種豆得豆」。國家是一定範圍內的人群形成的共同體，它耕耘的，同樣也由它自己收穫。一個國家的領導人是國民的偶像，他的言行舉止隨時都在影響他的人民，假如他是一個正氣凜然、品格高尚之人，就可以帶領國家走向繁榮穩定；假如一個國家被凶暴殘忍、道德敗壞之人統治，這個國家必定難逃衰敗的命運。

一個國家所有的領導者可以瞭解品性與命運的關係，就會從自身出發，帶領人民培養高尚、正直的品格，強化國民文明的思想道德意識。只要他們可以做到這些，這個國家的興旺發達指日可待。

宇宙的偉大定律無時無刻都在發揮作用，它公平的態度從未改變，會讓邪惡之人付出慘痛

思考的人

的代價，也會把快樂健康賜予善良之人。人生就是一所學校，在你學習的同時，也會面臨各種考試，品格高尚的學生有一張快樂成功的成績單，思想不純、舞弊之人將會嘗到失敗的苦澀。在這個漫長的求學之路上，人們完成他們智慧的學業。

自我控制的科學

在這個科技突飛猛進的時代，誕生了許多傑出的科學工作者，他們為了人類偉大的事業孜孜不倦，為了新的探索廢寢忘食。無論是書面上還是生活中，我們隨處可見他們智慧的結晶。正是由於他們的不懈努力與堅持到底，才有我們更便捷、更舒適的生活，提高我們的工作效率，節省我們的勞動力。正是由於他們的不斷鑽研與反覆實踐，才讓機器充滿生命力，可以像雄鷹展翅翱翔，也可以像魚兒水中暢遊，讓我們無論從視覺上還是觸覺上，都感受到科技帶來的魔術般的奇妙。

在這個知識爆炸的時代，許多科技項目都在如火如荼地進行，各種捷報不斷從科學界傳來。然而，正是在這個日新月異的科技時代中，有一門科學卻蒙上塵埃，被人們遺落在某個角落裡。它是什麼？它為什麼那麼卑微？不！它不卑微，也不渺小，甚至可以說是偉大的！它就是自我克制。如果忘記它，所有的科學都會淪為自私自利的工具，進而為人類的自我毀滅埋下隱患。

獲得精神能量

在當今社會上，絕大多數的科學家研究的都是人體以外存在的元素和物質，以及它們的客觀規律，希望透過科技手段藉以控制和利用它們為人類服務。然而，在遠古時代的科學家卻偏向自身鑽研，希望控制或是利用自身的元素與力量，並且在這個領域獲得巨大的成功，甚至現在遍布世界各地的宗教組織都是建立在他們成就的基礎上。

儘管自然之力是奇妙的，但是它依然不如智力，因為只有擁有智力，人類才可以擁有思維，智力就是一雙慧眼，可以指引盲目的自然力量。因此我們可以說，對情感的瞭解、對欲望的克制、對意志力和智慧之力的引導，等同於在掌控個人或是國家的命運。

研究者或是說科學家可以在其他科學領域獲得非凡的成績，在這個神聖偉大的科學領域裡也會有顯著成就的學者。如果一個人可以在自我克制這個方面獲得成功，也可以在學習、研究方面收穫果實，就可以為人類的事業貢獻自己的力量。自然科學家可以瞭解及支配外部自然力量，思想家和哲學家可以瞭解及支配思維的內在力量。在獲取外部自然知識的過程中產生作用的定律，在獲取內在知識的過程中也會產生作用。

沒有人可以在短時間內獲取研究成果，也不可能在幾年之內成為偉大的科學家。只有在漫長的科學實踐中經歷無數次失敗，仔細觀察、刻苦鑽研、反覆試驗以後，他們的研究成果才有可能成功，才有可能在科學界擁有一席之地。同樣地，沒有人可以在短時間內擁有自我克制的能力，也不可能擁有這種能力賦予的智慧與祥和。想要獲取這種能力，只能透過長年累月的努力。這種付出沒有人知道，也沒有人鼓勵，想要堅持下去是非常艱辛的。假如你想要成功地掌握這門科學，就要獨自奮鬥、獨自承受，而且不受別人的影響。

五大科學步驟

所有的自然科學家都要經歷以下五個步驟，才可以在自己的學科中收穫研究成果。

1. 觀察——也就是說，必須用他敏銳的眼睛，仔細觀察自然界每時每刻的動態，並且要做到長年如一日。

2. 試驗——透過不斷地觀察，他瞭解自然界的實際情況，為了發現和確定自然規律，他以那些實際情況為參照進行試驗。他對具體情況進行嚴格分析，並且確定哪些情況沒有用處，哪些情況比較有價值，然後取其精華，去其糟粕。

3. 歸納——透過無數次的觀察與實驗，他累積及驗證許多事實。為了發現內在奧秘，並且總結一些原理，他開始對這些事實進行歸納。

4.推斷——完成觀察、試驗、歸納以後，他可以開始進一步工作，也就是推斷。從觀察、試驗、歸納中得出事實及結果，發現某種不可改變的運作模式，進而揭示事物的內在規律。

5.真知——發現並且證明某種定律之後，我們就可以說他獲得真知。他是一個科學家，一個有真知灼見的人。

然而，人們追求的最終目的絕對不只是獲取科學知識，而是要利用科學知識，使它推動人類的文明進步，為人類服務，帶給人們更多的歡笑和幸福。所以，人們不應該把科學知識作為自己的私人珍藏品，也不應該把科學知識當作自我炫耀的工具。一個真正的科學家，可以利用自己的科學知識為人類增添福音，可以像蠟燭一樣，無私地燃燒自己照亮別人，雙手捧上自己的勞動果實，獻給這個美麗的世界。因此我認為，在第五個步驟「真知」後面應該再補充一點，那就是：利用。只有無私地利用科學知識，才可以在科學領域有更多的發明創造，進而造福人類。

神聖的科學家

正如之前所說，這五個步驟是獲取研究成果必須遵循的，每一步都不可少。任何一個成功的科學家，都不可能缺席其中的任何一個步驟，例如：沒有經歷系統的觀察，就像一隻無頭蒼蠅，永遠找不到進入自然奧秘之都的入口。

在追求知識的學者面前，宇宙之間的許多事物展現的只是它們的表面，它們的本質或是它們的運行軌跡埋藏在最深處，所以很多現象無法理解。只有堅持不懈地完成這五個步驟，才可以瞭解事物之間的秩序、內在聯繫、本質，才可以感受到宇宙之間存在的偉大定律，並且瞭解它發揮的作用。只有這樣，人類才可以走出無知，才可以正確而深刻地瞭解各種事物或是各種現象。

無論是自然科學家在追求自然科學的道路上，還是思想家、哲學家在追求社會科學的道路上，都應該遵循這些規律，必須以同等的自我奉獻精神和持之以恆的付出，才可以完成獲得自我瞭解、自我克制需要的五個步驟。思想家、哲學家完成的五個步驟，與自然科學家要完成的五個步驟相同，區別在於他們的精力是用於自身而非外界事物，是用於人們的思維規律上，而且檢驗也是在思維的王國中進行。

如果想要追求社會知識，就要面對欲望、情緒、觀念、理智，因為這些奠定日後的行為，一個人的人生道路也是從這裡開始的。這些力量看似無形，卻非常強大，它們交織在一起，感覺很混亂，它們之間有些看起來很明顯是對立的，而且似乎無法和平相處。這種矛盾的思想會擾亂他的人生，使他深陷自相矛盾的漩渦中，這樣一來，直接導致他的痛苦和迷惘，然而他的追求會催促他盡快脫離這種境況。

思想家遵循的五個步驟

如果一個人面對知識的時候，總是幻想不勞而獲，他就是在做白日夢。也就是說，自然的或是神聖的知識不可能從天而降。思想家只有做到誠實坦然地面對自己的無知，才會非常強烈地希望獲取知識，才可以學會自我克制，並且努力做到自我克制。一個思想家想要在自己追求的領域中有所建樹，同樣也要遵循以下五個步驟：

1.反省——這其實和自然科學家的觀察是一致的。思維的眼睛如同探照燈一般，將我們的內心世界照亮。反省的微妙過程和其巨大作用，可以透過我們認真細緻的觀察來體會和認知。透過反省，我們可以更深入地瞭解自己的本質，進而讓自己脫離自私自利的低級層次，讓自己變得心胸開闊。從根本上說，反省就是自我克制的開始。

一個人降生世間之後，在開始自己人生歷程的時候，往往容易被自己的衝動及欲望影響，聽任自己自私的本性，這樣的結果是造成更多的錯誤。如果一個人認真地反省自己，就可以逐漸擺脫被影響、被控制的局面，進而開始自我克制。

2.自我分析——自我分析要求我們，首先要對自己的思維傾向有一個清晰的認識，隨後再對其進行認真地檢驗。在這個過程中，必須要對自己的思維傾向進行嚴格地分析，進而使得那些邪惡的傾向（製造出罪惡和痛苦的傾向）與良好的傾向（製造出美好和愉悅的傾向）脫離。不同的傾向會產生不同行為的發生，這些不同的行為，也會產生各自相對應的結果，對於這一點，要做到了然於胸。自我分析是一個嘗試及證明的過程，而且對於尋求答案的人來說，它是一個正在驗證自身的階段。

3.調整——到了這個階段，已經經歷反省和自我分析的人，可以看到自身本性的展現，可以清晰地察覺到自己思維的傾向，也可以明確地意識到自己內心最微妙的動機。對於自己內心世界的每個角落，都依靠自我檢驗來探索，沒有絲毫遺漏的地方。因此，他們熟悉自身的每個弱點，每個自私之處。在這個過程中，他們也可以發現自己的一些強項，以及自己的一些高貴品格。

人們總是習慣性地認為，一個睿智的人可以清楚地瞭解別人是如何看待和評價自己的，與自我克制的實踐者相比，更是智高一籌：不僅可以清楚地瞭解別人是如何看待和評價自己的，而且可以正確地看待自己，瞭解自己是一個什麼樣的人。

正是因為如此，實踐者可以面對本真的自我，不會修飾和隱藏自身的缺點，不會自欺欺人，既不會夜郎自大，也不會妄自菲薄；既不會自吹自擂，也不會自歎自憐，可以清醒地意識到自身要肩負的使命；對於自己在自我克制方面要做到何種程度有非常清晰的認知，並且明白想要做到這樣的程度，自己需要做出怎樣的努力和犧牲。

他們會從混亂狀態中脫離出來，透過不懈努力去領悟那些可以支配自己思想世界的定律，為了遵循這些定律，他們會調整自己的思維。這是一個清除、過濾、淨化自己思維的過程，就像農民為了要準備耕種莊稼必須清除土地裡的雜草一樣，我們必須除去自己頭腦中邪惡的雜草，才可以擁有一個乾淨的頭腦以備播種正義的種子。想要獲得幸福而有意義的人生，就要播種和培育這些正義的種子，讓它們為你的幸福生活保駕護航。

4.正義——我們都明白，想要獲得幸福，就要調整自己的思想與行動，透過調整，使它們可以遵循在思維活動中產生支配作用的那些定律。人類的思維活動，會讓自己體會到痛苦與幸福，慌亂與平靜，悲傷與喜悅，經歷各種情緒以後，我們才會察覺到，有一個偉大的中心定律如同自然界的萬有引力定律一般，貫穿自己所有的情緒和思維活動，所有的思想及行為都要遵守這個定律，這個定律如同皇帝一般，在思維世界中擁有至高無上的統治地位，我們的思想和行為都要透過這個定律才可以得到規範。這就是正義定律，它無處不在，無時無刻都在發揮作用。

領悟這個偉大定律以後，他們現在開始用這個定律，指導自己的思想和行為。他們不再胡思亂想、衝動莽撞，而是使自己的思想及行動服從這個中心準則，行事為人也不再以自我為出發點，而是以正義為起點，隨時以正義的準則來指導自己。他們擺脫淪為自己本性及外在境況的奴隸，成為自己本性及外在境況的主人。他們不再對自己思維的力量束手無策，反而可以控制及指導這些力量，讓這些力量幫助自己實現目標。這樣一來，控制住自己本性的他們，腦海中就不會產生違背正義定律的想法，也不會做出違背正義定律的事情。因此，他們徹底擺脫悲哀、告別失敗、遠離不幸、消除懷疑，進而成為一個意志堅定、內心平和的人。

5.完美的認識——正確地思想與行動，使他們證明神聖定律的存在。而且，不只是他們的思維構築於這種定律之上，所有人的思維都構築於這個定律之上。這個定律指導所有人的活動，成為他們的活動準則，不管是個人活動還是團體活動。透過不斷地自我克制，他們變得日趨完美，並且獲得神聖的認識：他們已經到達一個不惑的境界。

如果遵循以上所述的五個步驟，就可以掌握自我控制這門科學，進而告別無知和混亂，獲得真知，建立秩序。他們對自己有更清楚和明確的認識，對所有人也有更深入的瞭解。對自己人生的認識，甚至可以延伸到對人類生活的認識，因為從本質上說，所有人的思維都是相同的（只是程度不同），都構築在同一定律的基礎之上。同樣的思想，同樣的行為，無論是誰擁

思考的人

有，無論是誰做的，都會出現同樣的結果。

人類不是為了個人的私利而去獲得這種神聖的、可以給自己帶來安寧的完美認識，就像是科學家不是為了獲取更多的個人利益而去鑽研科學一樣。如果只是為了個人的私利而去獲得完美認識，人類進化的目標就會受到阻礙。實際上，那些純粹為自己的個人利益而奮鬥的人，即使想要獲得這種完美的認識，也只會以失敗告終。

因此，除了要完成上述五個步驟之外，想要最終獲得成功還需要一個步驟，那就是：對知識的正確運用。只有將學習和領悟到的知識毫無保留地奉獻給整個世界，才可以真正促進人類的文明與進步。

一個人如果無法克制內心的邪惡，就會失去明辨是非善惡的能力。他會不斷地追求享樂，而且會絞盡腦汁地逃避生活中給自己帶來不便甚至痛苦的事情。他以自我作為自己行動的準則，在這條充滿崎嶇和挫折的道路上，必須經歷傷痛、失去、良心的譴責才會醒悟，重新回到正確的人生道路上。

經歷上述五個步驟的人，等於經歷成長的五個階段，就會獲得知識，這種知識可以使他們隨時按照主導整個世界的道德準則行事。他們可以明辨善惡、區分是非，並且在實際生活中，使自己永遠保持在善良和正確的天平上。他們不會考慮什麼可以讓自己得到享受，什麼會給自己帶來不便甚至痛苦，他們唯一考慮的就是什麼是對的。他們的品性與他們的良心和諧一致，因此他們無論遭遇什麼都是無怨無悔；他們的思維與偉大定律保持一致，因此更多的磨難已經遠離他們，罪惡之事也絕非他們所為。對他們來說，邪惡已經終結，正義卻無所不在。

人類行為的因與果

科學家論證了一個公理：有果必定有因。把這個公理套用和檢視人類的所有行為，我們就可以揭示正義準則。

所有的科學家都知道，宇宙之間的每個部分，不管是微不足道的塵埃，還是偉大燦爛的太陽，都向人們展示什麼叫做和諧與完美。存在於世間的一切，都被極為精緻地調整。在廣闊無邊的宇宙中，數不勝數的如同太陽般的巨大星球在不停地運轉。它們有一望無際的星雲，有美麗而壯觀的彗星，也有圍繞著各自的軌道而不斷旋轉的行星。整個宇宙，以完美的姿態來展示和諧的秩序。同樣地，在自然界，雖然有不計其數形態各異的生命體，但是它們都要遵循具體的定律，而且只有這樣，生機無限的自然界才可以表現出永久的和諧與完美。

如果宇宙之間的和諧可以隨意被破壞，就不能被稱為井然有序的宇宙。如果那樣，整個宇宙就會變得混亂不堪。宇宙定律隨時都在發揮應有的作用，任何個人的力量都無法超越宇宙定律，或是凌駕於宇宙定律之上。沒有任何個人的力量可以否認宇宙定律的存在，或是隨心所欲地把它棄之不顧。不管是人類敬仰的先哲，還是一個普通人，都憑藉這種定律而存在。這種定律，超出一般的智慧。那些最優秀的智慧者，正是因為透徹地遵循這種定律，才使得自己偉大的智慧得以展示，進而超脫其他普通人。

宇宙之間的所有事物，不管是有形之物還是無形之物，都要遵從這種無限的、永恆的因果定律，都隸屬於因果定律作用的範圍之內。而且，不只是我們用眼睛可以看到的事物必須遵從它，我們用眼睛無法看到的事物——人類的思想與行為，無論是透明公開的還是隱晦秘密的，也要遵從它。

選擇正義的一方，就會得到美好的回報；選擇邪惡的一方，就會收穫罪惡的報應。

完美的正義支撐整個宇宙，完美的正義管理人類的生活與行為。世間百態，各類不同的人生境況，都可以看到因果定律的作用：人類的行為導致相對應的結果。我們可以為自己的行為尋找藉口和動機，但是如果我們做出決定，就會直接決定自己即將面臨的後果。我們可以決定接受何種思想的支配，讓其指導我們做出何種行為，但是我們無法改變這些思想及行為帶來的結果，這些都被至高無上的定律管理。

人們有決定自己行動的力量，但是人們的力量只能到此為止。行動帶來的結果，不可能更改，也無法逃避，它是註定的。邪惡的思想與邪惡的行為，產生遭受苦難的境況；良好的思想與良好的行為，註定帶來幸福的結局。因此我們可以說，人類的力量只能作用於自己的行為，人類的幸福或是不幸，也是由自己的行為決定的。認識到這個真理，我們就可以走上正確的人生道路，就可以避免再去經歷曲折的道路，也可以提高自己智慧的高度，最終找到擺脫邪惡、告別不幸的途徑。

正確與錯誤的人生道路

人生從某種程度上說，可以用數學運算來理解。人生的道路有正確與錯誤之分，只要學會如何正確解決人生的難題，就可以在人生道路上從容前進，原本認為複雜的問題也會變得簡單。

在人生的道路上，通往錯誤的路徑有幾十條甚至數百條，通往正確方向的道路只有一條。找到通往正確方向的道路以後，在人生道路上遇到的各種問題對我們來說，就不會那麼難以解決。

在人生的道路上，人們往往認為自己朝著正確方向的道路前行，但是許多人仍然不斷地做錯事，偏離正確的人生道路，而且心存疑慮，困惑已經不幸地出現，明確地告知他們，他們沒有找到正確的人生道路。

有些天性愚蠢又粗心大意的學生，還沒有掌握正確的運算方法以前，就輕易得出一個結果，並且把它當作正確答案。然而，老師的眼睛是敏銳的，可以很快發現學生運算中存在的錯誤。同理，在人生中，結果是不可能被歪曲的。偉大定律的敏銳之眼如同老師的眼睛一樣，可以把錯誤的結果暴露在人們的面前。

我們織著人生之布

人生就像一塊布，每個人都在織著人生之布，我們的一生，就是織布所用的線。這些線雖然相互依存，但是卻不相互混雜纏繞。每個人都在承受和吞噬自己行為結出的果實，而不是另一個人的行為產出的結果。每個人的道路既簡單又明確，儘管整個構成看似複雜難懂，然而它卻是每個個體的行為結果的和諧結合。我們做出行為以後，就會得到相應的後果，因果定律隨時都在發揮作用。

品質低劣的材料，無法生產出品質上乘的布。以自私的思想及惡劣的行為作線，無法織出一塊實用的、美麗的人生之布，它們織出的布經不起細緻的檢驗。

每個人的人生，不是由別人或是自己之外的任何事物成就或是毀壞。他頭腦中產生的每個

思考的人

思想，做出的每個行為，都是織進人生之布的線。這些線可以是劣質的，也可以是優質的。不管如何，他用這塊布做成衣服以後，他必須穿這件衣服。他必須接受自己的行為產生的後果，而不能責怪別人，他就是自己行為的監護人。

因與果同時存在

「邪惡問題」的出現必然因為邪惡的行為而產生，所以徹底戒除那些邪惡的行為，使自己的行事光明磊落之後，「邪惡的問題」才可以徹底得到解決。羅斯曾經說：「人啊，不要再往別處尋找邪惡之源，邪惡之源就是人類自身的邪惡行為。」

結果永遠不可能與它相對應的原因的性質截然相反，什麼樣的原因就會產生對應的結果，兩者緊密聯繫。**愛默生（拉爾夫·沃爾多·愛默生，美國思想家、文學家、詩人。愛默生是確立美國文化精神的代表人物，美國前總統林肯稱他為「美國的孔子」、「美國文明之父」）曾經說：「沒有不能伸張的正義，公平隨時調整人生許多方面的平衡。」**

從深層的角度來揣摩，因與果構成一個完整的整體，兩者同時存在。因此我們可以說，一個人產生邪惡念頭或是做出邪惡行為的時候，他也傷害自己的思維，他不再是以前的那個他，而是讓自己淪為可恥之人。生活帶給他的只是不幸和悲傷，許多邪惡的思想和行為會徹底吞噬他，讓他成為一個十足的邪惡之人。

相反地，如果一個人用良好的想法去指導自己的行為，讓自己的行為朝著良好的方向發展，高雅和幸福也會隨著他的良好行為而降臨到他的生活和內心，他會變成一個更高尚的人。許多這樣的思想及行為，會讓他的靈魂和心靈變得更純潔乾淨，他也可以體會到什麼叫做真正的幸福。

在因果定律的作用下，一個人的行為決定他的人生是成功還是失敗，生活是幸福還是不幸。一個人的行為是由他的思想支配的，一個人的行為又決定他會獲得怎樣的結局。如果他的生活不斷遭受苦難的侵襲，他的內心也會變得動盪不安，他應該重新審視自己，認真地檢討自己的行為，因為那是他所有麻煩的根源。

意志的磨練

離開思維的力量，任何人都不能做出具有價值的事情。**人們最重要的職責之一，就是要去培養「意志能量」，因為那是人們可以獲得真正恆久幸福和健康的前提條件。**不管是在物質世界還是在精神世界，堅定的目標是所有成功的必要條件。沒有目標，沒有實現目標的堅定意志，人類無法成為真正的強者。要知道，成為強者的能量，需要在本人自身之內發掘。

意志的磨練

我們會被一些「騙子」欺騙我們的思想，以為意志的磨練是非常神秘、玄虛、難以捉摸的。其實這不正確，也不可取。那些騙子只是想要依靠這樣故弄玄虛的方式，騙取我們購買他們手中所謂的磨練意志的「秘訣」。實際上，如果我們相信這一點，不利於我們意志的磨練。

想要增強我們意志的力量，只有依靠切實可行的方法，去除它神秘的色彩，才是正確的。

現實生活中，我們經常可以看到，很多人對於複雜而神秘的事物總是帶有崇拜和敬畏的心理，也一直在尋找和追求這些東西，對於簡單明顯的東西卻視而不見。事實是，磨練意志的真正道路，只有在個人的日常生活中才可以被找到。在平凡的日常生活中磨練我們的意志，才是正確可行的道路。

一個人不可能兼備懦弱和堅強這兩種相互矛盾的特性。如果想要擺脫懦弱的負面特性，讓自己變成一個擁有強大內心力量的人，就要向自己的懦弱發起攻擊，征服它，使自己成為一個具有堅強意志的人。我們沒有藉口讓自己屈服於懦弱，應該面對自己性格中的懦弱，努力克服它。這種方法，任何人都可以掌握和做到。

磨練意志的七個法則

如果人們可以認真研究我在之前簡明扼要闡述的道理，就可以真正領悟到，意志磨練的全部科學，包括在以下的七個法則中：

1. 克服惡劣的習慣。
2. 養成良好的習慣。
3. 認真負責地履行自己的職責。

思考的人

4. 按時做那些必須要做的事情。
5. 按照規矩和章程做事。
6. 管住自己的嘴巴。
7. 管住自己的思維。

無論是誰，只要可以對以上七個法則認真思考，並且在生活中將其徹底貫穿在自己的實際行動中，就可以讓自己的追求變得純潔，讓自己的意志力變得更強大。追求的純潔及意志力的增強，可以讓我們順利地應對任何困難，並且讓我們在關鍵時刻轉危為安。

從七個法則中我們可以看出，第一步需要做的，就是要徹底克服惡劣的習慣，這並非一件簡單輕鬆的事情。為此，我們不僅需要付出巨大努力，還要堅持不懈。只有這樣，我們的意志才可以得到磨練。

如果一個人總是貪圖惡劣習慣給自己帶來的快樂或方便，不去試圖改變，就會無法增強自己的意志力。他的人生道路也會朝著錯誤的方向前行，最後就會自始至終成為懦弱的奴隸。不付出努力，不克制自己，只想透過邪門歪道來獲得某種「神秘的」意志力，實際上只是在自欺欺人，更嚴重的後果是：他同時也在削弱自己已經具有的意志力。

養成良好的習慣

透過不斷克服惡劣的習慣，可以增強自己的意志力。意志力的不斷增強，對我們養成良好的習慣產生推動作用。克服惡劣的習慣，需要不懈追求的力量；良好習慣的形成，需要依靠我們內心對擁有高尚品格的渴求。為了做到這一點，我們必須思維活躍，而且必須隨時關注自己的言行舉止。

為了使自己變得日趨完美，在遵循第二個法則的同時，必須注意到遵循第三個法則的必要性。第三個法則，就是之前所說的「認真負責地履行自己的職責」。想要讓自己的意志力不斷得到磨練，就要按照這些法則去規範自己的行為。「三天打魚，兩天曬網」的做法，註定讓你在磨練意志方面一無所獲。即使是在一些看似微不足道的工作中，我們也應該追求完美。不要掉以輕心，要認真負責地履行自己的職責。只有這樣，才可以培養出專心的作風。專心向我們思維的爐灶中增添能量，幫助我們磨練意志力，進而在人生道路上收穫許多成功。

不要拖延或推遲

第四個法則——按時做那些必須要做的事情——也同樣重要。拖泥帶水與堅強意志格格不入，拖延耽擱是阻礙我們達到既定目標的障礙。任何需要立刻去做的事情，都應該立刻去完

思考的人

成，經不起甚至幾分鐘的拖延耽擱。今日事今日畢，這是一句十分簡單而普通的話，但是對於我們是否可以成就自己的人生卻至關重要。雷厲風行的作風，可以給人們力量、成功、平靜、安詳。

按照規矩和章程做事

如果想要磨練自己的意志，就要按照規矩和章程做事。自己的行為不能被自己的衝動控制，也不能盲目地滿足自己的嗜好。不管是為人還是處世，都要遵循一定的規律，不能根據自己的喜好或厭惡輕易做出各種決定。最簡單的是：必須確定自己在衣食住行方面需要堅持的原則，明確地瞭解自己應該做什麼，不應該做什麼，應該怎麼做。例如：確定自己應該吃什麼，哪些食物絕對不能吃，什麼時候應該吃飯，什麼時候不適宜再進食，什麼時候應該睡覺，什麼時候應該運動，選擇什麼樣的衣服樣式才適合自己。

這是最簡單的方面，上升到人生的高度，我們必須為自己的人生制定一些行為準則，設置自己的行為底線，並且堅定不移地執行。

很多人自甘平凡和墮落，認為自己體內的獸性與生俱來，無法克制。但是如果在生活中依照規定行事，不斷地培養和磨練自己的意志力，就可以馴服我們體內那頭欲望的怪獸。聖人之所以成為聖人，就是因為他們從來不會違背自己定下的準則，總是讓正確的準則來指導自己的言行舉止。一個人如果可以在生活中遵循正確的準則，想要實現自己的遠大抱負不是那麼困難。

管住自己的嘴巴

管住自己的嘴巴，第六個法則雖然看似簡單，但是要做到卻不輕鬆。我們必須在不斷的實踐中控制自己，以免說出惡言傷人。擁有強大意志力的人，會完美地控制自己的言談，不會讓自己說話的時候毫無顧忌。

如果你可以在日常生活中，確實地將這些法則付諸實踐，就會自然而然地走到第七步，也就是所有法則中最重要的一步：管住自己的思維。自我克制是最容易被人們忽視的，但卻是人生最根本的原則。那些可以堅持不懈地把這七個法則運用到生活中的人，將會透過自己的不斷努力和長期實踐，認識到如何控制及培養自己的思維，進而摘得意志磨練的至高桂冠。

做小事也要善始善終

我們經常認為，做人可以不拘小節，做事自然也是如此，只有做大事才需要善始善終，其實不然，即使做小事也不能虎頭蛇尾。很多人認為，小事可以隨便敷衍，甚至可以棄之不顧，就是這種錯誤的思想，才會導致他們做事的時候無法順利地完成，最終導致自己在工作中遇到挫折，生活中經歷磨難。

這個世界上及人生中的所有偉大事情，都是由許多小事構成的，沒有小事，大事的偉大也無從談起。只有真正意識到這一點，我們才可以開始認真關注自己以前認為微不足道的事情，並且在做事的時候可以善始善終。如此一來，個人的素質才可以提升，隨著歲月的流逝，才可以最終成為一個具有重大影響力的人物。只有具備做小事也可以善始善終的素質，才可以真正稱為生活的強者，才可以過著平靜而幸福的生活。如果一個人不具備做小事也可以善始善終的素質，他註定只會是生活的弱者，他的人生中將會隨時遭遇苦難的來襲，倍感悲傷。

優秀總是供不應求

「適者生存」的法則，不僅僅表示我們的生活隨時都要接受殘酷的優勝劣敗，而且還表示我們必須接受正義法則的監督。正義法則要求我們把公平合理擺在最高的位置上，如果不這樣做，社會就無法正常地向前發展，美德也無法順利地培養。在這樣的條件下，草率敷衍、粗心大意、遊手好閒的人，註定只會被社會淘汰；勤奮嚴謹、善始善終、兢兢業業的人，註定會位居眾人之上。

我的一位朋友曾經告訴我，他的父親忠告自己的每個孩子：

「無論你們將來做什麼工作，都要全心全意地去做，而且必須做到善始善終。只要你們可以做到這樣，就無須為自己的前程擔憂太多，因為有太多的人做事粗心大意、草率敷衍，以至於善始善終的人提供的服務總是供不應求。」

許多人之所以沒有培養善始善終、恪盡職守的作風，就是因為他們貪圖享樂、好逸惡勞，背棄全力以赴地把工作做到完美無缺的原則。

前一段時間，我身邊發生的一件事情，引發我的思考。一位家境貧窮的女士，經過十分懇切的請求，得到一個責任重大、報酬不菲的職位。可是還沒有工作幾天，她就開始考慮如何利用這個職位打開方便之門，以滿足自己的私欲。那個月末，她由於怠忽職守、能力不足而被解雇。

這如同一隻腳不能同時踏入兩條河流一樣，一個人的頭腦如果充斥著享樂，就無法騰出自己的精力去完成自己的工作。我們雖然擁有享受休閒娛樂的權利和時間，但是如果這種休閒娛樂影響到自己的工作和工作態度，那肯定是不可取的。那些不斷追求個人享樂的人，即使滿足他們工作的權利，給他們重要的任務，也無法盡職盡責地完成自己的工作。

思考的人

全心全意去做你要做的事情

一個人要真正做到善始善終，必須把交給他的事情做到盡善盡美，必須把交給他的任務做得無可挑剔，必須全心地投入到自己的工作中，還要培養自己的耐力和毅力，不斷地增強自己的使命感和責任感。

古代一位哲人說：「如果有什麼事情必須去做，就讓一個真正的強者去做，讓他全力以赴。」另一位哲人說：「不管你要做什麼事情，都要全心全意地把它做好。」

做事不能善始善終的人，在其精神世界中沒有培養這種意識。他們的品格不夠優良，意志不夠堅強，信仰不夠堅定，無法順利地實現自己的追求。一隻眼睛盯著眼前的物質享樂，一隻眼睛看著自己信仰的人，最終註定一無所獲。他們無法在享樂方面得到滿足，在信仰方面也會出現危機。因此，全心全意勝過三心二意，全心全意去做一件小事，勝過用心不專去做一件大事。

我們提倡善始善終、全力以赴，反對三心二意、草率敷衍。因為只有善始善終、全力以赴，才可以培養出優良的品格，增強自己的智慧，加快自己前進的步伐。因此，我們必須從小事做起，不斷地改正自己的缺點和不足，使自己沿著正確的人生道路勇往直前。

頭腦的構築與人生的構築

不管是自然界的有生無生之物，還是人們用雙手創造出來的事物，都有一個構築的過程。岩石是由原子構築的，植物、動物、人類是由細胞構築的，一間房子是由磚塊構築的，一本書是由字元構築的。一個國家的文化、藝術、科學、機構，是透過人們不斷地努力構築的；一個國家的歷史是由它的行為構築的。

構築的過程也是優勝劣敗的過程。在構築的過程中，那些為了舊內容服務的形式被不斷地打破，那些基本物質會重新組合成新的形式。實際上，這就是一個相互整合以及不斷解體的過程。在這個過程中，舊的東西被打碎重新編排，新的物質不停地重新組合，這種周而復始的新舊交替的過程，使得整個宇宙不斷地向前發展。

人們用雙手創造出來的事物，也會隨著世事的滄海桑田變得陳舊而無用。為了適應世界發展的需要，所以這一切都需要不斷被更新。自然界的優勝劣敗構築新生的過程，被稱為生與死；人們用雙手創造出來的事物，經歷優勝劣敗構築新生的過程，被稱為毀滅與整休。

品格是由思想構築的

這種優勝劣敗構築新生的過程，在宇宙萬物上進行著。就像人類的身軀是由細胞構築一般，城市是由房屋構築一般，人類的頭腦也是由思想構築的。**人類的各種品格，實質上是由各種思想構築的。只要領悟這個道理，就可以悟出一個真諦：「一個人的內心有怎樣的思想，他就是怎樣一個人。」**

一個人的品格是其頭腦中不同的思想經過多次碰撞最終固定的過程，也就是說，想要改變它不容易，我們必須具有堅強的意志力，不斷地努力，長時間的克制自我，才可以將其改變。所以，從這個意義上說，品格是固定的。品格的培養過程，與城市的建造過程十分相似，兩者都是不斷添加新的材料，只是品格的形成需要不斷添加的是新的思想，城市建造起來需要添加的是新的磚瓦和房屋。城市建造需要不計其數的磚瓦，人們的頭腦、人們的品格構築卻需要不計其數新的思想。人們經常說：「羅馬不是一天造成的。」一尊神佛、一個柏拉圖式的人物、一個莎士比亞式的人物，也不是在短期之內可以造就的。

不管我們是否意識到這一點，我們都是自己頭腦的建築師。每個人都有自己的思想，那些

思考的人

思想就是構築頭腦準備的磚塊。如果你懶散地「備磚」，最終就會形成三心二意的品格。這樣的品格不利於你的發展和成就，你很難抵禦外界的不良誘惑，而且在困難和挫折面前，你也會束手無策、望而卻步。

任何不良的思想，包括放縱自己的私欲、追求自我滿足和享樂、自甘墮落、畏首畏尾、自怨自艾、牢騷抱怨、自我吹捧，都是建構品格的時候需要淘汰的劣質材料。如果用這些材料去構築頭腦的殿堂，我們可以預測結果肯定是一敗塗地。

爭取一個更好的歸宿

相反地，如果我們選擇優良的材料去建構我們頭腦的殿堂，這座殿堂就會堅固耐用又金碧輝煌。所以，我們要明智地選擇並且妥善地處置一些純潔的優良思想。

純潔的優良思想標準是什麼？那就是：必須可以給人們正面的力量，讓人們可以感受到自信、勇猛、美好，這樣的材料才可以用來建構頭腦的殿堂。在建構頭腦殿堂的過程中，那些陳舊而錯誤的不良思想必須被同時去除，取而代之的是那些純潔的優良思想，只有如此，才可以保證我們的人生變得更幸福。

我們都應該明白，我們是自身的塑造者。人生道路是否順暢，取決於我們自身。如果我們

思考的人

的思想道德低下，我們永遠不可能成為一個真正的成功者。我們應該堅持不懈地培養自己的優良品格，經過長時間的努力，讓自己成為一個可以為社會做出貢獻的人。如果我們對目前所處的境遇不滿意，不知道反省自己，只知道怨天尤人，把所有的過錯都推給別人，我們目前所處的境遇不僅不會得到任何改變，還會讓我們滑向更糟糕的境地，最終我們也不會體會到幸福和美好。

所以正確的做法是：我們必須對此有更清醒的認識，逐步增強自己的責任感，做到合理地評估自己的能量，我們就可以開始充當一位合格的建築師，建造自己的人生大廈；想要讓自己過得更幸福，我們必須培養自己的高尚品格，使自己在做人方面日趨成熟。如果我們這樣做，不僅可以讓自己受益，還可以為後人樹立良好的榜樣，讓後人受益無窮。

四大原理

我們所處的宇宙，是根據一些數學原理構築而成的。在物質世界中，人類所有巧奪天工的創造，都是在掌握這些數學原理之後才得以實現。想要讓自己的人生變得成功、幸福、美滿，就要透徹地掌握並且熟練地運用這些基本原理。

舉例來說：如果你想要建造一座可以承受風吹雨打的房屋，必須依據數學中的簡單原理或是法則，例如正方形或是圓形的相關定理。假如你忽略這一點，這座房屋很有可能在建造的過程中轟然倒塌。

同樣的道理，如果你想要讓自己的人生變得更成功、充實、美滿，可以承受挫折的洗禮，可以在各種誘惑面前毫不動搖，就要按照幾個行之有效的原理去行事。

基本行之有效的原理就是：正義、正直、真誠、善良。建造一座標準的房屋，首先需要建起四面牆，這四大原理，就是構築人生大廈的時候必須建好的四面牆。如果人們對這四大原理視而不見棄之不用，想要依靠邪門歪道、陰謀詭計、自私自利去獲取成功與幸福，就等於是一個想要建造海市蜃樓的人，這樣的人註定是失敗和悲哀的。

這樣的人或許在短時間內可以依靠那些邪門歪道賺到一些錢，讓他誤以為人生不過如此，自己可以憑藉罪惡的行為來滿足自己的私欲，獲取自己的成功。但是實際上，以這類方式構築的人生大廈，是薄如紙片脆如枯枝一般，任何時候都有坍塌的可能。報應來臨的時候，他就會一敗塗地，透過玩弄陰謀詭計而得到的財富也會轉瞬即逝，自己也會被別人甚至是自己的親人唾罵和拋棄。

對這四大道德原理置之不理的人，絕對不可能收穫真正的成功和幸福的人生。可以隨時按照這四大道德原理行事的人，可以讓自己的人生充滿幸福，如同農夫只要按照科學的方法，在春天播種，輔佐以澆水、施肥、除草等行為，就可以在秋天收穫豐碩的果實。這是因為他的所作所為，與自然界的基本定律和諧配合。一個人如果把自己的人生大廈構築在非常堅實的基石上，他的人生大廈就會堅不可摧、牢不可破，因為他人生的各個部分非常連貫、非常和諧、緊密地交織在一起，可以經得起任何風吹雨打的考驗。

完美的人生

我們可以發現，世間萬物的構成都符合數學定律。透過顯微鏡裡的觀察，我們可以知道，宇宙之間無限小的物體，與無限大的物體一樣完美。

一片雪花，就像宇宙之間的一顆巨大星球那樣完美。所以，我們在建造一座宏偉的大廈時，應該關注它每個細微部分。

首先最重要的是要打好地基，雖然地基大多是被埋藏起來或是遮蓋起來，但是我們必須用最認真的心態去建造它，讓它變得更堅固，它的堅固程度應該超越大廈的其他部分。依循一條鉛垂線，一塊石頭壓著另一塊石頭，一塊磚頭壓著另一塊磚頭，經過不斷地堆積砌壘，宏偉的大廈終於拔地而起，高聳入雲。

我們的人生構築，其實也是同樣的道理。如果你想要收穫成功幸福的人生，想要擺脫很多人曾經遭遇或是正在遭遇的不幸和失敗，就要掌握這四大道德原理，並且把它們運用到你人生的每個細微環節或是微小部分，運用到自己每時每刻的職責中。即使你手中的是一件微不足道的小事，也要以正義、正直、真誠、善良的狀態去完成，不能忽略四大道德原理中的任何一個。

不管你是一個農民，一個工人，還是一位富商，一位自由工作者，都不能忽略或是錯誤地對待任何一個細小的環節。我們都知道，雖然一塊基石或是幾塊普通的磚單獨來看不重要，但是如果建築工人在建造高樓大廈的時候，不小心忽略它們，它們很有可能成為脆弱與麻煩之源。

很多事實證明，很多人因為粗心大意而忽略一些表面上看起來微不足道的事情，最終導致自己在人生道路上遭受重創。

在現實生活中，人們普遍犯的一個錯誤，就是理所當然地認為，生活中的一些細枝末節不重要，只要隨便簡單地敷衍就可以了，只有偉大的事情才值得自己全力以赴地去做。這種想法顯而易見是非常錯誤的，因為只要稍微認真思考我們的人生就可以意識到，千里之行始於足下，千里之堤潰於蟻穴，脫離細小的累積，就談不上什麼偉大和成功。在偉大事物的構成中，每個細節都是完美的。

如果一個人可以把這四大道德原理作為自己人生的基石，所言所行都以這些原理為出發點，不背離這些原理，平日的言行舉止都遵照它們，就等於為自己的人生大廈打下堅實的基石，就可以獲得讓眾人景仰的成就。實際上，他可以成功地建造一座人生的殿堂，他可以在這座可以經得起任何風雨洗禮的殿堂中，寧靜而幸福地生活。

專心的培養

專心，顧名思義就是把全部心思集中在一個中心，自始至終地保持如此。專心是善始善終之父，是盡善盡美之母。實際上，作為一種官能，專心不是我們想要達到的目的，而是達到目的必備的條件。它並非是一種追求，但卻是實現所有追求的必備力量。就像大廈中的水泥一樣，它是頭腦這個最複雜大廈的必備品，它在人生的所有建樹中必不可缺。

這種官能為人們普遍具有，卻很少有人可以把這種官能培養到完美的地步，就像意志及理智為人們普遍具有，然而具有完美磨練的意志及理智者，卻寥寥無幾。所有的成功者，無論他們的成功來自於什麼領域，在他們成功的領域都會付出所有的專心，儘管他們對這個被當作研究的課題知之甚少。一個人對一項工作感興趣的時候，認真從事這項工作，甚至通宵達旦工作的時候，我們完全有理由相信，是專心在發揮作用。

許多宣稱可以指導人們如何培養專心的書籍，沒有提供很有價值的指導，只是把獲得專心作為目的。這些書籍教導人們用眼睛長時間地盯住自己的鼻尖、蠟燭的燭光、遠處的某一點、風中吹動的樹葉，或是把心思集中在肚臍上、頭頂上，或是集中在想像中宇宙的某一點（我曾經看到許多探討這個課題的書籍或文章，煞有其事地提出這些方法），其目的就是獲得專心。這樣的做法，與畫餅充饑、望梅止渴有異曲同工的效果。結果卻是，我們只會變得更加饑餓和口渴。這樣的做法，也無法幫助我們真正培養自己的專注力，甚至會影響我們的專注力，導致我們心神分散。它會導致我們意志脆弱及能力低下，而不是想像中的意志堅強及智力超群。我曾經詢問許多嘗試這種做法的人，他們開始的時候感覺自己可以專心於某個具體的事物，但是時間長了，他們卻成為受害者，無法專心地做好自己要做的事情。

專心是對做好某件事情的輔助工具，它本身不是做事。一把剪刀沒有什麼價值，只有用這把剪刀裁剪東西的時候，它才會具有價值。離開了專心，我們很有可能一事無成；但是有了它，我們卻可以從容地做許多事情。以專心本身而言，它沒有巨額的價值，也不是顯赫的成就。

專心必須有相對應的任務或事件，所以它與職責密不可分。如果誰想只獲得專心，把自己的任務和職責棄之不顧，等待他的唯一結局只會是不可避免的失敗。他永遠不可能成為一位智者，他的事業也絕對不可能獲得圓滿的成功。

如果我們可以認真負責地完成自己的任務，履行自己的職責，不管這個任務是學習某項知識，還是看守大門，都可以在不知不覺之間培養自己的專心，不必求助那些在生活中毫無用處的做法。培養專心的目的，就是去做一些有意義、有價值的事情。

專心的敵人

專心的敵人——同時也是技能及力量的敵人——就是猶豫不決、毫無克制、經常混水摸魚的心思。只有制服這個敵人，才可以做到專心。一支作風散漫、不受紀律約束的部隊，肯定一擊即潰。為了讓這支部隊步調一致、行動迅速、攻無不克、戰無不勝，部隊的指揮官必須建立一套高效率的統一指揮機制。自由散漫、無法集中的思想，毫無力量可言，也是有氣無力的。只有把全部心思集中在一個既定目標上，這樣的思想才可以給我們無窮的力量。如果一個人的思想可以做到如此，他的思想就不會出現混亂、懷疑等情緒，生活中也不會出現困難的局面。人們獲得的所有成功、所有勝利，都離不開思想集中這個重要因素。

想要做到專心，沒有什麼神秘的秘訣，只要遵循一個原則：誠實做人，踏實做事。例如：你想要做一件事情，必須開始去做，並且一直堅持下去，直到掌握如何完成它的方法為止。

這個原則適用於所有的事情，不管是在商業上還是學術上，或是在所有的學習、工作、信仰上，它都可以發揮重要作用。為了可以彈奏出一首優美的歌曲，必須學會看懂樂譜；為了可以建造一間漂亮的房屋，必須學會如何壘牆；為了成為一位富甲一方的商人，必須學習如何做生意；為了成為一個道德高尚的人，必須隨時嚴格約束自己的行為和思想；為了可以做到專心，必須努力把心思集中在一處。

專心做你的工作

首先最簡單的就是：你要專心於你的日常工作。你要把自己的全部心思、所有智慧及思維能量，放在你的日常工作上，只要你發現自己的心思開始飄離自己的工作，就要把它拉回你現在正在做的事情上。你的全部心思的中心，不是你的松果體，也不是宇宙中的某一點，而是你每天的日常工作，你聚焦心思的目標，就是為了可以更得心應手地做好你的工作。在你無法得心應手地做好你的工作之前，就說明你還可以做到很好地控制你的思想，你沒有獲得專心的力量。

在剛開始的時候，你會發現把自己的全部心思、智慧、思維能量集中在你現在所做的日常工作上，不是一件非常簡單的事情，就像所有有意義、有價值的事情做起來都不容易一樣。然而，只要你可以堅持不懈地繼續下去，就會發現成果出來了。你的意志力一天比一天堅強，可以更好地控制自己的思維和行動，而且專心地做事也變得不再那麼困難。你的頭腦可以更快地理解事情的所有細節，而且可以非常準確地處理它們。你集中心思和精力的能力不斷增強，將會提高你的工作效率，你可以為這個社會做出的貢獻越來越大。隨之而來的是，社會給予你的機會也會更多，你的使命也會越來越神聖。更重要的是，你的生命將會充滿更多的歡樂，日子也會過得更充實。

在培養專心的過程中，需要經歷以下四個階段：

1. 注意。
2. 沉思。
3. 忘我。
4. 得心應手。

注意的意思是說，我們的思想不能像一匹到處奔跑的野馬，而是應該有所束縛。我們的心思和精力應該放在自己的注意對象上，也就是我們目前要完成的事情上。

沉思就是要求我們對目前要完成的事情進行認真地思考。

如果我們可以養成沉思的習慣，我們的心思就不會因為外界其他無關的事情分心。我們所有的心思，都會完全集中在目前要完成的事情上，甚至忘記自身的存在——這就是忘我。

如果我們可以達到忘我的狀態，我們的頭腦就會進入一種高效率狀態，在這種狀態中，我們可以更得心應手地工作。我們頭腦中各種抽象的思想之間，不會像平常的時候那樣相互摩擦、雜亂無章，而是將摩擦程度減少到最低，如此一來，就可以更順利地完成自己的工作。

注意是順利完成任何事情的第一階段，如果在第一個階段都不能做好的人，最終無法完成任何事情。那些無法集中注意力的人，就是一些懶散、沒有思想、沒有自制力、對所有事物不關心的人。如果一個人可以在第一階段表現良好，在接下來的步驟中又可以保持清醒的頭腦，認真考慮自己需要完成的事情，就會到達第二階段。為了確保做任何事情都可以圓滿順利，我們應該確保這兩個階段的順利完成。

在注意和沉思這兩個階段，你要完成的事情和你的心思是相互分離的，這就需要你用心思和精力去完成，而且在完成的過程中會遇到一些困難。然而，如果你順利地進入第三階段，你要完成的事情和你的心思緊密結合，就可以用比較少的勞動去完成你要做的事情，你遇到的困難也會少一些。

如果一個人到達第三個階段，進入忘我的境界，就是到達一種近似於神奇的思維狀態。在

思考的人

外人的眼中，他已經渾然忘我，思維高度活躍，工作效率非常高，跟一般人有很大的差別。

如果他處於忘我的狀態中，就不會受到外界的任何干擾，不管是誘惑還是事情或是聲音，都無法把他的心思從他要完成的事情上脫離。即使你在他的面前大喊大叫，他也是聽不見的。他給人們的感覺，就像是他完全沉浸於自己的世界中，猶如正在夢中一般。實際上，這種忘我的狀態，其實是一種清醒的夢境，它與那種以客觀狀態而終結的夢非常類似：思維是有條不紊的，一切都處於完美的秩序中，人們的洞察力及理解力明顯提高。

無論是誰，只要可以在做事的時候達到忘我的狀態，不管他的心思用於何事，都可以表現出超乎常人的能力。那些可以被稱為舞蹈家、科學家、音樂家、語言家、哲學家、政治家，以及各行各業的天才，都可以在做事的時候達到忘我的狀態。正是因為如此，所以他們可以輕鬆自如地完成自己的工作。那些無法到達第三階段的人，對此只能自歎不如，甘居其下。

如果一個人可以到達第四階段，我們就可以說，這個人已經獲得完美無缺的專心，做事的時候可以得心應手。當然，可以到達這個階段的人不多，那種旁若無人、遊刃有餘的狀態，不是誰都可以經歷的。

我們應該逐步培養自己的專心，如果可以圓滿地完成這四個階段，在工作中就可以表現出高效率，達到高品質。完成四個階段，我們表現出來的是：面臨任何情況，都可以異乎尋常地從容鎮靜、胸有成竹。

明智的做事者

專心的每個階段，都有其特定的力量。第一階段的完美完成，贈與我們的是價值的力量；第二階段的完美完成，贈與我們的是技能及才智的力量；第三階段的完美完成，贈與我們的是首創及天才的力量；第四階段的完美完成，贈與我們的是精通的力量。擁有這種力量，我們就可以為人師表。

專心的培養過程，就像人類的自然生長過程，後面的階段在整體上涵蓋前面的階段。因此我們可以推斷，在沉思階段，涵蓋了注意階段；在忘我階段，涵蓋了注意和沉思階段；可以經歷最後一個階段的人，肯定也涵蓋了注意、沉思、忘我階段。

可以成功地到達第四階段的人，不管在什麼時候，都可以把自己的心思和精力全部集中在自己想要完成的事情上，用自己所有的智慧和觀察力去圓滿地完成任務。他懂得如何集中心思，不讓自己的思緒受到外界的干擾，以便順利地完成任務。這樣的人，不管分配什麼任務給他，他都可以用自己的智慧和能力將任務完成得盡善盡美。這樣的人，不會是一個思緒混亂、作風懶散的失敗者。

思考的人

決心、能量、警覺，以及謹慎、判斷、莊重，連同專心的習慣，這些素質的培養，可以提高我們做事的成功率，也可以提高我們的自我價值和社會價值。與此同時，還可以讓我們上升到專心的更高境界，這個境界被稱為「沉思默想」。在這個境界中，我們可以得到神聖的啟迪，而且可以獲得真知灼見。

沉思默想的練習

強烈的願望被聚集到專心這一點的時候，就可以到達沉思默想的境界。如果一個人畢生的願望是成為一個對社會更有用的人，成為一個更純粹和高尚的人，體會到幸福和快樂，而不是為了自己的私欲而忙碌奔波，他的內心深處就會產生強烈的願望。他一生都在追求實現這種願望，就等於在實踐中沉思默想。

離開強烈的願望，就沒有所謂的沉思默想。毫無想法和追求，懶散地對待人生，漠視人生，是培養沉思默想的敵人。一個人的渴望越強烈，越可以專心地做事，在培養沉思默想方面，越可以獲得成功。一個人真正覺醒的時候，就可以從沉思默想中領悟到真理。

專心是人們獲得成功的必要條件，沉思默想是人們到達理想境界的必備條件。非精神的技能與知識可以透過專心來獲得，精神的技能與知識必須透過沉思默想來獲得。依靠專心，我們可以登上被稱為天才的高峰，卻無法獲取最高的真理。為了獲取最高的真理，必須沉思默想。

思考的人

透過專心，一個人可以對凱撒式的人物有全面的理解，而且可以獲得凱撒般的力量；透過沉思默想，他可以獲得神聖的智慧，可以達到完美的平靜安詳。所以，做到專心就可以獲得力量，做到沉思默想就可以獲得智慧。透過專心，我們可以掌握各種生存和生活的技能，例如：商業、藝術、科學等方面的技能；透過沉思默想，我們可以掌握人生本身的技能，可以成為聖人，可以成為別人之師，可以成為啟蒙者。所以，我們要明白，神聖的沉思默想對人們大有裨益。

沉思默想是精神的專注

專心的四個階段，同樣適用於沉思默想。它們可以為人們帶來的兩種力量之間的區別，是取向的區別，而不是性質的區別。沉思默想更多的是精神的專注，是人們在追尋神聖的學識、神聖的人生哲理，以及那些永恆的真理時，把所有的心思都集中在一點上。

人們除了追求把日常事務做好之外，還渴望可以獲取真理。為了尋求真理，人們會調整自己的行為，美化自己的思想，純潔自己的人生。他這樣做的時候，會對人生問題進行更深入而認真地思考。在這種深入認真的思考狀態下，他可以沉浸其中，心思不受任何外界的干擾，進而幫助他領悟人生的真諦，妥善解決人生中的問題。這個時候的他，正是把全部心思專注於尋求真理之上；這個時候的他，可以更好地控制自己、平衡自己，做事的時候也會得心應手，他的思想真正得到啟蒙、得到解放。

要做到沉思默想，比做到專心更困難，因為沉思默想需要我們擁有更好的自我控制能力。專心不要求你必須純潔自己的人生和心靈，可是沉思默想卻必須做到純潔你的人生和心靈。

因為沉思默想就是為了可以達到領悟人生真諦這個終極目標，因此它與純潔及正義相互交織。可能在剛開始的時候，人們只會投入少數時間用來實踐沉思默想，也許只有半個小時，但是如果人們感覺自己透過沉思默想而收穫頗豐的時候，就會加大時間的投入。透過沉思默想，人們可以領悟更多的知識和真理，可以幫助自己在人生道路上走得更順暢。所以，我們可以毫不誇張地說，沉思默想可以讓一個人在生活中受益無窮。一個經歷過沉思默想鍛鍊的人，相較於其他人來說，顯得更堅強、更勇敢、更沉著冷靜、更睿智。因此，不管在人生的何種境況下，他都可以順利地完成自己的使命。

沉思默想可以純潔思想

沉思默想的中心意思有兩層，它們是：

1. 透過不斷地把思想集中在純潔的事情上，進而使心靈得到純潔。

思考的人

2.透過把這種純潔表現在實際生活中，進而獲得神聖的知識。

我們的頭腦中存在各種的思想，很多思想甚至是衝突的。習慣的產生和形成卻是某種思想長期作用的結果，我們的品格以及我們的人生也是由這些思想決定的。在實際過程中，我們的頭腦透過某種思想長期不斷地作用，指揮和控制我們的行為，進而迫使我們在這個過程中，養成一種不由自主的「習慣性」行為，這種習慣性行為往往也會將我們的品格「定位」於某個方向。

沉思默想者就是透過讓純潔的思想持續不斷地作用於他的頭腦中，藉以控制自己的行為和思想，進而讓自己養成純潔的習慣以及得到啟蒙的思想，這些習慣和思想可以匯出純潔而睿智的行為，讓他順利地完成自己的使命。透過持續不斷的純潔思想的衝擊和作用，他會變成一個具有純潔思想、做出純潔行為的人，他的道德和品格也會變得純潔。

我們都經歷過相互衝突的情緒，有悲喜交加的時刻，有愛恨交織的時刻，也有難以抉擇的時刻，而且也經歷過很多負面情緒的控制，例如：猜忌、猶豫、悲觀、痛恨。認真地實踐沉思默想，可以幫助我們實現自我控制和自我調整，進而擺脫衝突的局面，告別負面情緒的掌控。沉思默想也可以幫助我們去除不純潔、不正確的思想，克服不良習慣，進而樹立正確而純潔的思想，形成良好的習慣。我們越來越傾向於認識真理、堅持真理，原來內在的衝突不知不覺地消失得無影無蹤，取而代之的是和諧與完美。

錯把幻想當作沉思默想

如果我們心存對真理的強烈渴求，就會感覺時光飛逝，歲月不等人，有太多有意義的事情在催促我們展開行動。有這種感覺，才有可能真正開始實踐沉思默想。有些人以為自己在沉思默想，其實他們只是若有所思，或是有做白日夢的習慣，這種習慣與沉思默想背道而馳。因此，從高尚的精神意義上說，想要真正開始實踐沉思默想，首先要在自己的內心培養對真理的強烈渴求，以及迫不及待要展開行動的感覺。

人們很容易把白日做夢般的幻想誤認為是沉思默想，對致力於沉思默想的人來說，這是一個必須避免的致命錯誤，絕對不能把白日做夢般的幻想與沉思默想混淆。幻想只是把自己的思想放置在一種不切實際、脫離現實的夢境中，沉思默想卻是一種目標明確、行動清晰的思想活動，人們透過這種思想活動可以讓自己得到昇華。幻想總是讓人們置身於美好愉悅的想像中，並且因為眷戀其帶來的輕鬆感受而讓自己沉溺其中無法自拔，最後越陷越深。沉思默想在剛開始的時候給人們帶來的卻是困難和厭倦，而且需要人們付出更多的腦力和精力、更強的自我控制能力，才可以產生控制自己思想的正面作用。幻想就像沙漠中的海市蜃樓，美好，充滿誘

思考的人

惑，讓我們不自覺地沉溺其中，沉思默想卻是要我們攀登真理的高峰，所以我們必須付出艱辛的努力，自我約束，不斷堅持，從攀登的過程中獲取知識得到啟蒙，最終使自己的心靈得到安詳和平靜。整日沉醉於幻想之中是十分危險的，因為它讓我們無法自拔，猶如鴉片一般，破壞我們的自我控制能力；沉思默想卻可以隨時給我們保護，並且增強自我克制的能力。

一個人可以根據許多跡象，以判定自己是沉溺於幻想之中，或是在實踐沉思默想。

沉溺幻想的跡象主要有：

1. 好逸惡勞的念頭；
2. 耽於享樂的念頭；
3. 厭惡及想要逃避自己應該履行的職責；
4. 逃避責任的念頭；
5. 不敢接受現實；
6. 希望自己可以不勞而獲；
7. 缺乏自我克制的能力。

沉思默想的跡象主要包括：

1. 體力及精力的增加；
2. 對智慧孜孜不倦地追求；
3. 樂於履行自己的職責；
4. 有敢於承擔責任的勇氣；
5. 面對現實，無所畏懼；
6. 不貪圖榮華富貴；
7. 具有自我克制的能力。

難以進行沉思默想的氛圍

在一定的時間、地點、境況下，人們難以進行沉思默想；在其他的時間、地點、境況，更適合實踐沉思默想。對此，我們應該有所瞭解，並且在現實生活中進行認真觀察。

不可能進行沉思默想的時間、地點、境況：

1. 用餐期間，或是剛用餐完畢；
2. 在娛樂場所；
3. 在人潮熙熙攘攘的地方；

思考的人

4.快步行走之時；
5.早晨躺在床上之時；
6.正在抽菸的時候；
7.躺在躺椅或床上放鬆身體或頭腦的時候。

進行沉思默想比較困難的時間、地點、境況：

1.夜間；
2.在一個設施奢華、裝飾典雅的房間裡；
3.坐在鬆軟舒適的地方之時；
4.穿著引人注目的衣服之時；
5.與別人待在一起的時候；
6.身體疲憊不堪的時候；
7.吃得太多的時候。

適合沉思默想的最佳時間、地點、境況：

1. 每天的清晨；
2. 準備用餐之前；
3. 獨自一人之時；
4. 在戶外或是在一個簡樸的房間裡；
5. 坐在比較硬的座位上；
6. 身體強壯、精力充沛的時候；
7. 衣著樸實無華的時候。

從以上所列的條目中我們可以看出，處於輕鬆、奢華、放縱（包括沉溺於幻想之中）的狀態中，難以實踐沉思默想；處於努力、自律、忘我（它們排斥幻想）的狀態中，更適合實踐沉思默想。

在自己肚裡空空如也或是肚中食物堆積如山的時候，不適合進行沉思默想；在自己衣著破舊不堪或是衣著鮮豔奢華的時候，不適合進行沉思默想。想要進行沉思默想，必須擁有充沛的體力和腦力，所以疲憊不堪的時候也不適合進行沉思默想，而是應該選擇自己體力和腦力最充沛的時候。

你可以透過不斷地在頭腦中重複高尚的格言或是美麗的詩句來喚醒內心對真理、美好、高

思考的人

尚的渴望，清醒自己的頭腦。但是你必須謹慎地選擇重複的內容，如果只是機械性地重複沒有任何實際價值，如果沒有謹慎地選擇內容，反而會為你進行沉思默想設下障礙。所以，你選擇的內容必須是高尚的、美好的，而且必須適合你，也就是說，可以讓你盡情地投入其中，不會覺得厭煩。借助這種方式，你的內心對真理和美好的渴望會與你的專心和諧地統一，你會在輕鬆自然的情況下，順利地進入沉思默想的狀態中，不會感受到任何壓力。

上文講述的關於沉思默想的各種狀態，對於想要開始練習沉思默想的人來說非常關鍵。如果你有這種想法和需求，想要練習沉思默想，必須要認真關注而且要切實實行。如果你可以做到認真遵從上述內容，將沉思默想持續地堅持下去，就可以收穫純潔、智慧、幸福、平和，也可以摘下屬於你的由沉思默想帶來的豐碩甜美的果實。

追求的力量

我們都明白，破壞就是分散和瓦解的過程，因此可以得出：散漫就會削弱，專注就會獲得力量。如果一個民族可以緊密地團結在一起，這個民族就會充滿無限力量，可以戰勝任何敵人。同樣地，我們頭腦中的每個思想如同民族中的每個人一樣，如果可以緊密而明智地集中起來，我們的頭腦也會充滿無限可能。追求就是把頭腦中的所有思想集中起來，讓每個思想都貢獻它的能量，以實現追求的目標。如此一來，思想者就可以克服追求過程中出現的各種障礙，進而順利地實現自己的追求。

那些如白日做夢般的幻想、不切實際的想法、模糊不清的欲望、遲疑不定的做法，不屬於追求的範疇中。如果有遠大的追求，就會有實現這種追求的決心，這種決心可以給我們戰無不勝的力量，讓我們可以克服所有困難，朝著勝利前進。所以說，追求是我們邁向成功的必經之路。

所有成功的人，都是有所追求的人。他們為了實現自己的計畫或目標，可以堅定信念，堅持不懈，絕不放棄，不達目標誓不甘休。即使在追求的過程中，遭遇許多困難和阻礙，他們也不會輕言放棄，不會舉手投降。其實，這些人往往是越挫越勇，遇到的阻礙越大，他們克服阻礙的勇氣就會越大。

誰可以抵禦不可動搖的追求？

那些可以主宰自己命運的人，都會從遠大追求帶來的強大利益那裡受益匪淺。就像航海者有船隻的指路明燈一樣，擁有遠大的追求，就是為自己的人生指引一條光明的道路。他們可以堅定地沿著正確的追求之路前進，不管遇到任何困難險阻，即使是面對死亡的威脅，都不會輕言放棄。人類的偉大先行者，都是前進道路的開創者，我們現在都在沿著先行者開創的知識及精神之路不斷前進。

最偉大的力量，就是追求的力量。在古今中外那些對歷史過程及人類世界的命運產生重要影響的偉大人物身上，我們可以清楚明確地看到追求的偉大力量。在西方的亞歷山大（古代馬其頓國王，亞歷山大帝國皇帝，世界古代史上著名的軍事家和政治家）、凱撒（凱撒大帝是羅馬共和國末期傑出的軍事統帥、政治家）、拿破崙（拿破崙・波拿巴，法國近代軍事家、政治家、數學家，法蘭西共和國第一執政（一七九九～一八〇四），法蘭西第一帝國皇帝，義大利國王，萊茵邦聯保護人，瑞士聯邦仲裁者）等人，在中國的孔子、朱熹（南宋著名理學家、思想家、哲學家）等人身上，我們都可以清楚深切地感受到追求帶來的強大力量。

追求為人們帶來的力量的強大程度，與人們智慧的高低緊密相關。智慧高的人，追求為其帶來的力量會更強大。偉大的追求，總是伴隨著偉大的思維。一個人如果沒有追求，他的智慧就會十分低下。一個人如果沒有明確的追求，做什麼事情都不能全心全意。

還有誰可以抵禦不可動搖的追求？還有什麼可以將遠大的追求擊敗？無生之物屈從於一種生命的力量，境況屈從於追求的力量。事實上，那些把卑劣的、錯誤的目標當作自己追求的人，在追求目標的過程中，也在進行自我毀滅；那些把高尚的、正確的目標當作自己追求的人，可以確保自己的成功和勝利。他們只要每天為自己補充高尚的追求帶來的能量，就可以順利實現自己的追求目標。

弱者總是在為自己的失敗尋找藉口，整日怨天尤人，不可能做出有價值的事業；貪慕虛榮者把自己的目標定位於滿足自己的虛榮心，做人做事虛偽不能腳踏實地，甚至經常做出一些譁眾取寵之舉，這樣的人不會有很大的成就；三心二意者很容易被其他的事情分心，無法堅持自己的追求，這樣的人不可能獲得成功。優秀者可以明確和堅持自己的追求，不管在實現目標的

思考的人

道路上遭遇多少苦難險阻，他們都可以保持內心的平靜，一如既往地沿著自己的追求之路前進。也許有人會對他們冷嘲熱諷，也許有人會對他們指責謾罵，也許有人會對他們吹捧崇拜，但是他們都可以借助追求的偉大力量，堅定不移地一路前行，進而獲得最終的勝利。

困難只會激發他們勇敢前行的勇氣，挫折和創傷只會讓他們變得更堅定和成熟，誘惑只會讓他們更心無旁鶩，失敗只會堅定他們獲取成功的必勝信心。在他們的心中，任何事情都無法阻擋他們前進的步伐，他們堅信最終的勝利必定屬於他們自己。

所有事物最終都會屈服於寂靜的、不可抵禦的、攻無不克的追求的力量。

成就帶來的歡樂

順利地完成一項任務以後，就可以體會到什麼叫做真正的歡樂。事業有成，或是圓滿地完成自己的工作，也可以為人們帶來滿足感。

愛默生說：「一個人完成自己的職責，就可以感受到真正的輕鬆愉悅。」即使那項任務是微不足道的，但是他只要全心地投入其中，並且把它做得完美無缺，就可以從中感受到快樂。

在社會中，最可悲的人就是那些想盡辦法逃避工作或是義務的人。那些為了讓自己過得輕鬆幸福而絞盡腦汁逃避困難的工作以及應盡的義務的人，無法獲得真正的輕鬆和幸福，因為他們的內心會為此而感到愧疚和不安，羞恥感會像一隻老鼠一樣騷動他們的內心，人們責備的目光也會在他們的自尊心上燒出一個大洞。

卡萊莉說：「不願意自食其力者，對這個社會沒有任何價值，遲早會被這個社會淘汰。」根據道德準則，一個人不應該逃避義務，也沒有理由在工作中不充分發揮自己的聰明才智。如果一個人違背這個道德準則，他的品格無法得到眾人的肯定，不斷進步的社會也不會接受他。一個人在開始設法逃避工作與義務的時候，就是把自己置於危險的下坡路上。

相反地，我們應該透過全面發揮自己的能量，透過克服困難，透過發揮自己的聰明才智，透過投入自己的體力，圓滿完成既定任務，進而使自己的人生更有價值、更有意義。

奮鬥者在物質世界取得的每次成功，都可以帶給他們歡樂；在精神世界，人們實現自己的崇高追求時，那種幸福與歡樂無法用言語來形容。在多次失敗以後，終於迎來成功的降臨，那種愉悅的感覺也是無可比擬的。有些人一生致力於培養自己的美德，為了實現這個高尚目標，他們堅持不懈、不辭辛勞，不斷地戰勝自我和克制自我。在這個過程中，歡樂與他們形影不離，並且逐漸成為他們的精神世界中不可分割的一部分。

人生的主要內容就是抗爭。人類為了不斷進步，必須與自己所處的險惡境況不斷抗爭，與道德及真理的敵人不斷抗爭，透過發揮自己的聰明才智，進而成為群體中有價值的一員。人類的存在和發展，其實就是長期的抗爭和不斷取得成就的結果。

成就的獎賞就是歡樂

我們不能停滯不前，必須不斷地追求更美好的事物，不停地追求更完美的人生，持續地追求更偉大的成就。如果我們做到這些，就可以感受到歡樂天使的降臨。孜孜不倦地鑽研學術、不斷提升自身程度、付出一切去成就自己事業的人，可以找到在宇宙中永恆的歡樂。

人生的價值就是奮鬥，奮鬥的最高目標就是成就，成就的獎勵就是歡樂。與自己的自私、貪欲不斷抗爭的人，可以收穫幸福，可以體驗到成就的無限快樂。

第四篇

平靜之道

如果你每天都在為獲得智慧、平靜，確保自己更純潔，可以更透徹地領悟人生的真諦而思考，也就是說，你為最終的成功做好了準備。

沉思默想的力量

精神上的沉思默想，是通往聖潔的必經之路。它是一個神聖的階梯，透過它，人們可以擺脫錯誤而獲得真理，可以擺脫痛苦而獲得平靜。離開它的幫助，我們不可能進入神聖的狀態，獲得神聖的平靜祥和與不會褪色的榮譽，而且不可能體驗到堅持真理可以為自己帶來無限的歡樂。

沉思默想的目的就是要完全透徹地瞭解自己的關注對象，所以要求我們把心思高度地集中。不管這個對象是什麼，只要你堅持不懈地繼續下去，就可以在沉思默想的幫助下，對其進行深入透徹地瞭解，而且可以透過事物的現象領悟其本質，你關注和領悟的內容也會變為你的精神世界中緊密相連的一部分。因此，也就是說，如果你把自己的心思持續放在自我和罪惡上，你最終也會變為一個自私自利的醜陋的人。如果你把自己的心思持續放在關愛和同情別人上，你最終也會變為一個崇高而偉大的人。

誠實地告訴我，在你獨處的時候，你的內心在想什麼。你的心靈自由的漫遊之處，決定你最終是獲得痛苦還是平靜。也就是說，你的本質是一個高尚純潔的人，還是碌碌無為的人，或是墮落自私的人。

一個人的日常思想，決定他最終的品性及人生走向。因此，你必須讓自己的沉思默想更純潔高尚，這樣一來，透過持續不斷地沉思默想，就可以確保你的品格更完善。在沉思默想的時候，你的心態要純粹乾淨，不能摻雜自私和欲望。如此一來，才可以淨化你的心靈，認識到人生的真諦，進而避免自己誤入歧途，犯下致命的錯誤。

成長的秘訣就是沉思默想

現在探討的沉思默想，是精神意義上的沉思默想。這種沉思默想，幫助人們在精神及知識方面更快地獲得成長。有些人成為聖人，有些人成為賢哲，有些人成為眾人的救星，他們依靠的，就是沉思默想的力量。

聚焦現實的沉思默想，是盡快變得成熟的先決條件，不進行沉思默想的人，實際上與社會上的行屍走肉沒有區別。這樣的人沒有任何能力去提升自己的思想層次，也不可能讓自己的心靈得到昇華。

如果你每天都在為獲得智慧、平靜，確保自己更純潔，可以更透徹地領悟人生的真諦而思考，也就是說，你為最終的成功做好了準備。

如果你可以不計較自我得失，只是思考如何滿足個人的私欲，讓自己過得更輕鬆幸福，可以體諒別人，關愛和同情別人，可以做出有價值的沉思默想，就表示你成為一個成熟的思考者，你會用成熟的想法去思考行動，如此一來，就可以不斷地進步，也可以把你心中的理想變為現實。

極其美好的收穫，需要的是努力

世間所有成功的人士，都不是隨便就成功的，他們為了實現自己的目標或夢想，付出巨大的努力。那些碌碌無為的庸俗之輩，每天幻想著可以不飽嘗艱辛就輕鬆簡單地獲取財富和成就，簡直就是癡人說夢一般愚蠢。付出努力才會有收穫，付出努力的多少也決定你最終收穫多少。不付出就想要收穫，最終的下場跟那個守株待兔的人一樣。只有馬不停蹄地朝著自己的奮鬥目標不畏艱難地前行，才可以品嘗到其中的快樂，才可以讓你的人生變得更有價值和意義。

如果你想要讓你的心靈變得純潔高尚，讓你的生活充滿歡樂，讓你的人生被幸福圍繞，讓你的世界擺脫痛苦和折磨，選擇沉思默想對你非常有幫助。

在剛開始的時候，你必須把白日做夢般的幻想與沉思默想做出區別。沉思默想與不切實際地做白日夢毫無關係。沉思默想是追求真理和探索真理的過程，以真理為最終目標。因此，如果你可以確實地實踐沉思默想，就可以脫離迷茫混亂的思維模式，走上正確高尚的道路。在這個過程中，你會逐步忘記自我，把真理牢牢地刻在自己的心上。沒有進行沉思默想之前，你容易被充滿誘惑的世界而迷惑，進而犯下錯誤，但是沉思默想可以幫助你改正錯誤，讓你重新樹立正確的思想。你在沉思默想的道路上越走越遠的時候，你所有的錯誤都被改正過來的時候，距離你追求的真理也就不遠了。到了那個時候，你就會明白，在每個人靜謐的內心世界裡，都綻放著鮮豔的真理之花。在此之前，我們對真理之花毫無察覺，所以才會犯下各種錯誤。如果我們可以培養鑑賞真理之花的能力，就可以避免犯錯，進而使自己做的事情更完美。

告別懶惰

我們應該在一天之中留出一段時間，利用這段寶貴的時間進行沉思默想。一天之中最佳的時間是每天清晨，因為清晨的時候，我們的頭腦和身體經過充分地休息，所以精力充沛，頭腦清晰，更容易實踐沉思默想。而且在清晨，前一天你擁有的情緒，不管是興奮還是悲傷都會減弱，你的心海更加平靜，你的頭腦更容易接受沉思默想的指導。實際上，你為了要實踐沉思默想，就要讓自己告別懶惰，戒除自己以前的壞習慣。如果你還是沉迷於懶惰等不良習慣中，無法順利地進行沉思默想，無法接受精神的指導，更無法讓自己在人生的道路上正確前進。

精神上的覺醒，也會帶來頭腦及身體的覺醒，懶惰和自我放縱會讓你永遠無法認識到真理。我們看到很多身體健康、精力充沛的人可是卻無法讓自己的人生達到成功的高峰，就是因為他們沉迷於各種不良習慣而無法自拔，浪費許多寶貴的時光，尤其是清晨的時光，不去進行沉思默想。

早些醒來

一個人如果可以告別懶惰，自覺地早起，充分利用清晨的美好時光進行沉思默想，就可以早日讓燦爛神聖的陽光普照自己的內心世界，讓自己徹底從無知的黑暗中掙脫出來，讓自己聖潔的追求得以實現。那些我們崇敬的偉人，可以到達並且保持令人望之興歎的高度，是因為他們付出一般人無法想像和接受的辛勞和努力，這不是任何人都可以做到的。

所有的聖人、賢哲、真理的導師，都是可以早起的人。如果在清晨的時候，你有自己的事情必須要完成而沒有時間來進行系統性地沉思默想，就要設法在晚上抽出一個小時的時間，不讓任何外界的事情干擾你的內心和頭腦，靜下心來認真地思考，攀登真理的高峰。假如你的工作幾乎佔據你除去休息之外的所有時間，也不必為此感到煩惱和絕望，你可以利用工作的間隙，或是利用無所事事的幾分鐘時間，把你的心思全部用於沉思默想；如果你的工作自動化程度比較高，或許可以在保證機器正常運轉的同時，進行沉思默想。

德國哲學家雅各・波墨是一位信奉基督教的聖賢，他原先只是一個貧窮的鞋匠，之所以可以成為聖賢，就是因為他可以充分利用自己做鞋的時間，堅持不懈地進行沉思默想，才可以在最後成功地攀登上真理的高峰。所以，不管你的工作性質是什麼，不管你的工作需要花費多長時間，不管工作耗費你多少體力和腦力，終究還是有其他時間，只要你充分地利用那些時間進行沉思默想，距離領悟人生的真諦就會越來越近。不要用忙碌做藉口，你不會比美國總統更忙。

沉思默想可以給我們力量

早在之前，我們就曾經提到，精神上的沉思默想必須要求人們可以做到自我約束、自我克制。首先，你必須對自我進行思考和瞭解，認識到自己的缺點和不足，然後改正這些缺點，彌補這些不足，以此當作你的奮鬥和追求的目標。在行動之前，你要對自己的動機、思想、行為質疑，然後用公平的眼光去衡量它們，看看其對你的遠大理想是否有裨益。透過這種方式，你

思考的人

的內心將會平息所有風波，逐漸變得平靜如水。平靜如水的心境，會讓你更舒適地在這個世界上生存。如果遇到不理解你的人對你充滿怨恨，不能以相同的行為方式回應對方，因為以眼還眼的做法只會增加你們之間的仇恨，是不明智而且得不償失的，應該採用溫和寬容的態度去對待他們。如果你可以讓自己的內心在溫和寬容的海洋中暢遊，就可以收穫更高尚的思想，也可以用愛的定律來指導自己的行為，讓自己的內心和現實生活包圍在愛和幸福的海洋中。

掌握關於愛的定律和知識以後，要把這些知識用來指導自己的思維和言行，堅持下去，時間久了，你會變得平易近人、和藹可親，也會更關愛別人，自身也會變得更聖潔。在愛的定律指引下，你會改正自身的錯誤，逐步消除自己的私欲，克服自己的弱點。借助沉思默想的無窮力量，你不會再犯錯，也可以越來越清晰地看到照耀自己的理想之光。

借助沉思默想，你可以逐步戰勝你唯一真正的敵人——充滿貪欲和自私欲望，左右搖擺的自我，重新塑造一個嶄新的、神聖的、毫不動搖的自我。

沉思默想有什麼直接效果嗎？它可以帶來一種潛移默化的精神力量，這種力量可以帶領你在曲折坎坷的人生道路上勇往直前。從沉思默想中領悟的知識和獲得的精神力量，具有非常偉大的用途。它可以使你擺脫人與人之間的相互傾軋，帶你走出悲傷的低谷，抵禦各種誘惑的侵襲。同樣地，依靠沉思默想的力量，你的智慧不斷增長，可以消除那些只會為你帶來痛苦和悲傷的自私欲望。依靠穩重和自信，你可以堅持立場，遵循不可更改的定律。

相信神聖的定律

你可以透過持之以恆地進行沉思默想，透徹和理解永恆的定律。由沉思默想迸發出來的力量，可以讓你發自內心地相信這些定律，進而與上帝成為一體。因此我們可以說，沉思默想就是為了讓我們的心中呈現出神聖的寧靜和安詳。

你可以在倫理道德的領域沉思默想，而且你必須瞭解一個事實：只有堅持不懈地進行沉思默想，才可以在人生道路上遵守做人的基本信條與道德規範，以使自己逐步接近於追求幸福和完美的境界。

透過發揮沉思默想的力量，我們可以改正自身冷漠、不關心別人的不良習慣，克服自身的利己思想，打破毫無生氣的框架，走上智慧的康莊大道。所有把沉思默想進行到底的人，可以在開始的時候就察覺到真理之花的開放，並且在其後持續不斷地努力中，透徹地理解這朵真理之花。

思考的人

釋迦牟尼的五種偉大的沉思默想

釋迦牟尼說：「飽食終日、無所事事、不進行沉思默想的人，其實是忘記人生的真正目的。總有一天，他們會對那些可以靜下心來沉思默想的人羨慕不已。」釋迦牟尼曾經以「五種沉思默想」，教導他的弟子們。

「第一種沉思默想，就是對愛的沉思默想。在這種沉思默想的過程中，你端正自己的人生追求，你希望自己可以讓所有的人，包括你的敵人，過著幸福的生活。」

「第二種沉思默想，就是對同情的沉思默想。在這種沉思默想的過程中，你想到別人遭受的苦難，進而在你的心靈深處，對別人有一種強烈的同情感。」

「第三種沉思默想，就是對歡樂的沉思默想。在這種沉思默想的過程中，你想到別人的幸福生活，看到別人生活在歡樂中，你的內心也會感到十分歡樂。」

「第四種沉思默想，就是對不純潔的沉思默想。在這種沉思默想的過程中，你認識到貪汙腐化的危害，以及罪惡與疾病的可怕後果。你可以體驗到『俄頃之淫樂，無窮之悲哀』的深刻內涵。」

「第五種沉思默想，就是對寧靜安詳的沉思默想。在這種沉思默想的過程中，你超越個人的愛好與仇恨、專制與壓迫、財富與欲望的層次，以一種完美的平靜心境，看待自己的命運。」

具有崇高的追求

佛陀的弟子們正是依靠這五種偉大的沉思默想，最終做到真正的參透。

因此，你在沉思默想的過程中，要讓愛的光芒照耀你的心靈，昇華你的靈魂，帶你擺脫所有的仇恨，堅定你的信念，讓自己對世界和別人抱持寬容和理解的態度，用一顆愛心去擁抱整個宇宙。如同初發的嫩芽舒展自己的身軀迎接雨水一般，你將會向上帝的聖潔之光敞開你的心扉；如同自由飛翔的小鳥一樣，你將會展開追求的翅膀，自由地翱翔。最終，你會成為一個無所畏懼的人，一個具有高尚品格的人。

相信你可以成為一個親切和善的人，相信你可以擁有純潔無瑕的人生，相信你可以完成神聖的人生目標，相信你可以認識至高無上的真理。相信這些，你可以在攀登高峰的道路上迅速前進；不相信這些，就會在大霧瀰漫的山谷中痛苦地摸索。就這樣相信，就這樣追求，就這樣沉思默想，你可以體會到神聖的甜美，你的內心世界也會變得無限美好。如果你可以領悟到神聖的愛、神聖的正義、神聖的純潔、完美的善良定律或是上帝定律，你的人生就可以收穫巨大的幸福，你的心靈也會收穫寧靜和安詳。

思考的人

舊的一切都會逐漸死去，新的一切將會慢慢降臨。用錯誤的眼睛去看物質世界的面紗，面紗顯得厚重而不可看透；用真理的眼睛去看物質世界的面紗，面紗顯得輕薄而透明。如果掀開這個面紗，呈現在我們面前的就是整個精神的宇宙，時間將會處於凝固狀態，你將會生活在永恆之中。你再也不會為生活中的變故和生命的消失而憂心如焚、悲傷不已，你可以成就自己在這個世界的不朽。

兩位主人：自我與真理

在人們的心靈上，爆發一場激烈的戰爭。參戰方為自我和真理，戰爭的戰利品就是人們內心的統治權，兩方都想要爭奪這個至高的桂冠。自我被稱為「這個世界的王子」，它的性格叛逆不羈，它的武器裝備是情緒、驕傲、貪婪、虛榮、任性，以及所有製造陰暗的工具。真理被稱為「聖父」，它的性格和藹可親，它的武器裝備是溫和、耐心、純潔、奉獻、謙恭、關愛，以及所有帶來光明的工具。

每個人的內心世界都會爆發這場戰爭，但是同一顆心不可能同時加入兩支敵對的部隊，因此你必須為自己選擇適合的陣營，要麼是自我，要麼是真理，不存在一半的心屬於自我，另一半的心屬於真理的情況。「自我存在著，真理也存在著。在自我佔據統治地位的地方，真理就無法佔據統治地位；在真理佔據統治地位的地方，自我就無法佔據統治地位。」釋迦牟尼與耶穌（耶穌基督，基督教各派崇奉的救世主）都宣稱：「一僕不侍二主，因為他要麼恨這一位而愛另一位，要麼追隨這一位而背離另一位。你不可能既追隨真理，又追隨瑪門。」

真理是簡單而直接的，現象和本質是一致的，起點和終點是相同的。自我卻是複雜曲折的，其充滿自私的欲望，並且善於欺騙人心。那些被自我矇蔽的人，整日沉迷於幻想之中，思考如何滿足自己的欲望。而且與此同時，自我還可以與真理為伍。然而，真理的愛戴者借助犧牲自我，並且不斷地與利己思想進行抗爭以朝拜真理。

為追隨真理而自我犧牲

你是否真心追隨真理？如果是，你必須做好自我犧牲的準備，因為只有清除所有的自我之後，才可以真正實現追求真理的目標。

你是否願意每天消除自我，擺脫欲望和偏見的糾纏，放棄你的意見？如果是，你將會走上正確的道路，並且獲得前所未有的平靜。真理的完美狀態，就是完全達到忘我的境界，所有宗教及哲學都是為了幫助你到達這種完美狀態。

自我是對真理的否認，真理是對自我的否認。你的自我死亡之日，就是你的重生之時，重生的你將會追隨真理。假如你還要繼續追隨自我，永遠不可能獲取真理。

如果你無法控制自己，你的人生道路必然充滿坎坷，你的命運也會受到痛苦、悲傷、失意的困擾。真理的道路卻因為有真理相伴，所以可以遠離坎坷，你的命運也不會受到悲傷與失意的困擾。

真理原本與黑暗無法共存，它自身純潔無瑕，而且經常教導人們。可是，自我卻無法感受到真理的存在，經常是盲目而缺乏觀察力。只有那些天生失明的人看不見燦爛的日光，只有那些自我矇蔽的人無法感受到真理光芒的照耀。

真理展現宇宙之間的現實，展現內在的和諧，展現完美的正義，展現永恆的愛。任何人或事無法增其一分，減其一毫。它不必依託任何人，但是所有人都要依靠它的指導。

如果你的內心充滿私欲，並且用私欲來衡量這個世界，真理之花就不會向你綻放。如果你的內心充滿虛榮，並且用虛榮來看待這個世界，世界就不會是它本真的存在模樣。如果你的內心充滿貪念，並且用貪念來妄想這個世界，欲望就會把你眼前的一切扭曲變形。如果你的內心充滿驕傲自大，並且用驕傲自大來對待這個世界，任何事物在你的眼中就會不足掛齒，剛愎自用會讓你覺得你才是世界的中心。

真理是一種信仰

謙遜這種品格可以將追隨真理的人與追隨自我的人徹底區分，謙遜的特性就是摒除所有的

思考的人

虛榮、自私、固執。

以自我為行為準則的人，毫不顧忌和考慮別人的觀點，以自我的觀點為最高準則。真理的追隨者可以用正確的態度區分是非，用慈愛的目光看待世人。他們不會狡辯，希望自己的觀點得到所有人的贊同，也不會貶低和打壓別人的觀點。他們是真理的傳播者，是愛的傳播者，他們擁有一顆純潔的愛心，並且隨時展現真理的精神。

與別人發生爭執的時候，許多人喜歡用盡方法去贏得勝利，認為自己這樣做是在傳播真理、捍衛真理，其實這樣的做法非常愚蠢，只是顯示自己是自我的追隨者，一切為了滿足自己的私欲。要知道，真理是明確的、永恆的、神聖的，不會為任何人的所言所行有所改變。每個人都有可能領悟真理，也有可能與真理擦肩而過，所以我們對於別人的防禦及攻擊都是多餘的。如果我們不放棄自己手中的武器，一直不斷地進攻，最終遭受攻擊的也包括我們自己。

自私、驕傲、盛氣凌人的人，以自己的信仰為真理，以所謂的真理來指導自己的所言所行，別人的信仰和所言所行都是在錯誤的道路上前行的。實際上，這個世界最大的錯誤，就是自私的錯誤。真理不是一種正式的信仰，而是一顆高尚的、無私的、有崇高追求的心。真正的真理追隨者，都有一顆充滿溫暖的愛心，因為這顆愛心，他們獲得內心的平靜，並且可以在自己的人生旅途中過得更好。

如果你可以靜下心來，認真地檢驗你的思想、你的心靈、你的行為，就可以輕易地知道你是用真理來控制自己，還是用自我來控制自己。你的內心充滿和不斷產生懷疑、敵視、嫉妒、驕傲的思想，還是堅持不懈地與這些思想進行抗爭？如果你不斷地產生錯誤思想，就會讓自己陷入自私的泥潭，無關乎你的宗教信仰如何。如果你不斷地與錯誤思想進行抗爭，就會籠罩在真理之光的照耀下，即使你沒有任何宗教信仰。

仔細思量，你是生性急躁、固執己見、急功近利、自我放縱，甚至以自我為中心，還是和藹可親、大公無私、淡泊名利、自我克制，為了別人的利益不惜自我犧牲？前者表示你淪為自我的俘虜，後者表示你成為真理的追隨者。

你總是在為金錢而勞碌奔波嗎？你會為自己的黨派利益而隨時舉起你的武器，準備戰鬥嗎？你會希望攀登上權利的最高峰嗎？你習慣於沾沾自喜、自吹自擂嗎？或是，你視金錢如糞土嗎？你對誰對誰錯的不停爭論感到厭惡嗎？你甘於平淡和安寧的狀態，不被別人注意嗎？你對自我吹噓、驕傲自大感到厭倦嗎？如果答案是前者，說明自我仍舊控制你的靈魂；如果答案是後者，說明你的靈魂已經伴隨真理前行，成為它忠實的信徒。

從一些跡象上，我們可以清楚明白地看出，誰才是真理的忠實信徒。神聖的黑天在《薄伽梵歌》中，以對話的形式述說：

內心無所畏懼，一塵不染，總是努力地追尋智慧；
伸出熱情的雙手，克制無邊的欲望，待人謙遜有禮；
品性正直，熱愛真理，平易近人，和藹可親，知足常樂；
耐心、堅強、純潔，不自視清高，禮讓別人，不以牙還牙……
啊，印度王子！你的身上表露出這些跡象的時候，
你的雙腳已經踏上通往天堂的道路！

如果人們已經深陷錯誤與自私的泥潭，拋棄真理遞出的繩索，自我設立一些評價的準則，並且隨時堅持和實踐這些準則，這個世界將會充滿衝突和仇恨，痛苦和悲傷也會布滿所有人的內心。

讓自私自利沒有生存的土壤

親愛的讀者，你真心要做真理的追隨者嗎？那麼，通往真理的必經之路就是：徹底根除你的思想中、心靈中、靈魂中的自私自利，拋棄從前在你身上的貪婪、偏見、欲望、固執、局限的觀念，讓自己從它們的魔掌中解放出來。如此一來，你就可以走向通往真理的光明大道。不要再把自己信仰的宗教，看得比別人信仰的宗教更高，而且必須以謙虛的精神和態度，認真學

習慈愛這堂課。

不要局限於自己的思想和世界中，不要把你的信仰看作是唯一而永恆的，別人以同樣的真誠之心信仰的卻是一個欺世盜名之輩。你應該不顧任何艱難險阻，找到通往真理的神聖道路，如此一來，你就可以認識到，每位聖人都是人類的拯救者。

擺脫把自私自利作為最高準則的思想，表示你會放棄外在的金錢和物質，也表示你會放棄內心的罪惡與錯誤。要徹底告別自私自利，不是單純地戒除某種行為，例如：不再奢侈浪費，購買過多的衣物；不過多地追逐財富和金錢，不癡迷某種食物，不說惡言粗語，如果只是單純地停留在某種行為上，永遠不可能見到真理之光的閃耀。想要發現真理，必須改變自己的思想，改造自己的精神世界，放棄自己的虛榮心，消除內心對金錢和物質無法滿足的欲望，嚴格要求自己，善於自我控制，忘卻仇恨、避免衝突，放下對別人的譴責，不再追逐私利，讓自己成為一個心地善良、道德高尚的人。

有些人認為只要自己消極避世，逃入一個桃花源般的世界中，就可以避開自我追逐而找到真理。其實不然，自我與別人的存在沒有關係，你還在，自我就有生存的土壤，除非你堅持不懈地與你的自我進行抗爭。同樣地，我們可以看到很多人，即使他們置身於人聲鼎沸之地，但是他們卻用實際行動與內心的自我進行抗爭，這樣的人仍舊可以消滅內在的敵人。我們的身軀

思考的人

雖然生存在這個世界中，但是我們的精神可以脫離這個世界，這樣才是最完美的狀態，可以為我們帶來幸福的平靜，讓我們收穫偉大的勝利。因此我們可以說，尋找真理的道路，不是避世的道路，而是擺脫自私自利、擺脫自我的道路。只有走上這條道路，才可以遠離仇恨，遠離痛苦，遠離欺騙；只有走上這條道路，你的人生才可以過得更有價值和意義。

真理的簡明性

如果你可以成功擺脫追逐名利的自我，就可以用正確的態度去判斷時間的一切，才可以發現這個宇宙有一種完美的秩序。然而，那些被情緒、偏見、個人好惡控制的人，看待和判斷世間萬物的時候，只能依據他們的自我，所以在他們的眼中，看到的都是錯誤，都是錯覺。

如果一個人可以擺脫所有的情緒、去除自己的偏見、忘卻自己的喜好，不再有所偏袒，就可以認識真實的自己，也可以認識真實的別人。更進一步，他還可以認識到事物真實的一面，以及相互之間的真實關係。如果一個人可以做到不帶有攻擊性，不帶有防禦性，不存有隱瞞性，不存有需要維護的個人利益，就表示他已經獲得真正的寧靜。他已經領悟真理的簡明性，看待事物不會有任何偏見。想要真正獲得內心的平靜和幸福，必須領悟真理的奧妙，如此一來，才可以到達神聖的殿堂，傾聽天使的歌唱。

如果我們可以領悟偉大定律的真實內涵，瞭解悲傷和磨難的根源，掌握通往真理的具體途徑，勾心鬥角的霍亂就會遠離我們，我們也可以避免陷入與別人的爭辯指責中。一個人如果耽於享樂，讓內心的欲望操縱自己的言行，整日沉迷於幻想之中，不努力奮鬥，他永遠找不到真理的存身之所，也不可能領悟真理的內涵。他擁有一顆善良之心的時候，就可以關愛別人，奉獻出自己的愛，讓這個世界因此而變得更美好。

有些人無論如何也找不到真理，因為他們依附於追名逐利的自我，因為他們把自我當作自己唯一的信仰，並且瘋狂地崇拜它，因為他們相信自我才是真實的存在，其他都是幻象，其實正好相反，自我才是真實的錯覺。如果你不再篤信自我，不再像蜜蜂追逐花朵一般，追逐自私自利的自我，就可以遺棄它，就可以享受真理之光的照耀，就可以找到永恆的現實。

真理讓所有磨難化作雲煙

奢華、享樂、虛榮的香味可以讓人迷醉不醒，沉浸在其中的人對生命有更強的欲望，總是幻想著自己要是可以與天同壽該有多好。但是我們知道，收穫和付出總是成正比的，那些癡迷的人只會收穫痛苦與悲傷。然而，如果他們可以從苦難及羞辱中覺醒，清除自我的所有毒素，這顆曾經傷痕累累的心，也可以到達一種不朽的境界。所有的錯覺都會遠離他們，他們也會開始接受真理的不朽光芒的照耀。

追名逐利的自我總是和悲傷如影相隨，人們經歷悲傷的洗禮，擺脫邪惡的控制，就可以讓自身變為善良之人，就可以讓自我變為真理。只有到達心境平和的境界，只有感受到真理之光的照耀，才可以化解內心的悲傷。想要擺脫自我的束縛和控制，就要做到不因為暫時的失敗和挫折，或是別人對你的汙蔑而感到痛苦和失意，還必須做到不因為自己的言行而悔恨不已，也要做到不因為別人的態度和想法或是言行而改變你自己。如果你做不到，只能說明你還在依附自我。

追逐名利的自我創造了所有的苦難，善良高尚的真理卻可以終結所有困難。如果你可以成為真理的入幕之賓，所有的失意、悔恨、懊惱，連同悲傷都會離你而去。

追名逐利的自我是囚禁你靈魂的唯一監獄，
真理是唯一可以拯救你的天使，
它召喚你的時候，你應該立刻省悟，並且快步追隨；
追逐真理的過程可能會遭遇黑暗和挫折，但是最終等待你的一定是燦爛的光明。

這個世界的災難是它自己製造的，悲傷可以淨化心靈，極度的悲傷，是追隨真理的前奏。

如果你的人生曾經遭遇許多磨難，如果你的內心曾經被痛苦的眼淚浸泡過，如果你曾經為人生的問題而迷茫沉思，現在的你已經在為成為真理的忠實信徒而準備，與你的自我進行抗爭，終有一天會得到你想要的。

如果你對真理有所瞭解和感悟，並且堅持不懈地追求真理，你就可以深刻認識到，真理是永恆不變的，整日埋頭於理論中無法找到真理。你應該讓自己的心靈變得純淨，讓無私的愛與發自內心的同情澆灌你的心田，讓這塊心田因為愛和同情的澆灌而免受任何與愛不和諧的思想感情的汙染。善良對待邪惡之人，關愛仇恨自己的人，親切對待對你不懷好意的人，沉默對待別人無端的攻擊。這樣一來，你就可以把所有自私的欲望，轉化為純金般的愛，追逐私利的自我也會在真理的光芒照射下，消失得無影無蹤。在此之後，你就可以穿著美德的神聖之衣，心平氣和地生活在人群中，再也不會怨天尤人。

獲取精神能量

世間充斥著追求感官的刺激、興奮和自身享樂的人，他們總是想盡辦法讓自己開懷大笑，或是不顧一切，追求流下幸福淚水的場景。他們總是熱衷於從事那些會消耗自己能量的事情，很少有人會努力克服人性的弱點，讓自己到達寧靜的境界，讓自己變得更穩重，變得更有力量。

因此，具有真正能量和影響的人可謂寥若星辰。因為大多數人不願意為了獲得能量而做出必要犧牲，也不願意耐心培養自己的品性。

如果你無法控制自己的思想，讓它處於搖擺不定的狀態中，如果你無法控制自己的行為，讓心血來潮的衝動影響你的言行，你就是一個沒有真正能量的弱者。可以正確地控制和引導思想與衝動的力量，你才會發現自己成為一個能量巨大的強者。有些人雖然有如同動物般的凶猛，但是他們卻不具備我這裡所說的能量。雖然能量的要素已經在那裡，但是只有這種凶猛被更高層次的智慧馴化，它才會轉變為真正的能量。人們只有在獲得內在啟蒙之後，到達更高的智慧與良知層次，才可以具有巨大的能量。

區分弱者和強者的要素，不是在於他們擁有的個人意志有多大的力量（固執者的個人意志最強烈，但是他們卻經常是愚笨弱者的代表），而是在於他們擁有多少屬於智慧層面上的良知。

追求享樂的人、熱衷興奮的人、愛好新奇刺激的人、因為衝動和虛偽而受害的人，都可以在平衡、穩定、影響方面給人們指導的準則。

經得起考驗的工作

想要增強自己的能量，就要學會控制自己的衝動，擺脫自私念頭的束縛，提高自己的思想覺悟，並且隨時讓道德準則來指導你的言行舉止。

想要獲得至高的能量，你在度過自己人生的時候，就要隨時用心遵守那些不可更改的準則。

想要獲得神聖的平靜，以及無法用言語來形容的歡樂，就要歷經犧牲和付出，承受痛苦的折磨，在追求的道路上勇往直前。如此之後，那些神聖而永恆的準則才可以讓你的心靈得到救瀆。

可以真正意識到這個準則的人，就可以堅定自己的意志和思想，讓自己保持鎮靜，泰然自若，不會有情緒來肆意操控自己，最後成為命運殿堂的建築師。

如果你讓追名逐利的自我來支配自己，你的個人利益受到侵犯的時候，就會不顧一切地維護你的個人利益，不去瞭解事情的正確與錯誤。為了維護你的個人利益，例如：保護自己不受敵人的侵害，甚至會不擇手段。更有甚者，你會把為此實行的陰謀詭計視為理所當然。你已經把自己當作這個世界的中心，所以無法察覺到你才是自己的敵人。這樣的你，不管從事什麼工作，不管付出多少努力，都經不起實踐的檢驗，因為你的行為與真理背道而馳，因為你所有努力的出發點都是以自私自利為原點。實際上，只有以一種堅不可摧的準則作為出發點，你所做的工作才可以經得起實踐的檢驗。

不要放棄你的原則

可以堅持原則的人，不管面臨何種情況，在何種局勢下，都可以保持內心安靜祥和、態度鎮定自若。真正的考驗來臨的時候，每個人都要在個人的私利和真理之間做出取捨。堅持真理的人，可以堅定自己的立場，放棄個人的享樂。即使遭受嚴刑拷打，甚至面臨死亡的威脅，都無法動搖他們。追求自我的人，無法坐視自己的財富遭到損害，自己的享樂有所損失，無法面對自己的生命受到的威脅，這些對於他們來說，是人生中的巨大災難。堅持真理的人，卻不這麼認為。在他們看來，只有拋棄真理，才是唯一可以被稱為巨大災難的事情，那些意外事故無法和其相提並論。

只有在重大而關鍵的時刻，我們才可以分辨出黑暗的守護者到底是誰，光明的宣導者又是何方神聖。遭遇威脅性很大的災難、不幸遇上毀滅性的打擊、面臨壓迫的危急時刻，追名逐利者和堅守真理者就會很快現出其原形或真神。有些人只有在保全自己利益的時候，才會相信並且堅持平和寧靜的原則、平等待人及充滿愛心的原則，如果他們的個人利益受到侵害或是發生危險的時候，就會拿起手中的武器為之戰鬥。此時此刻，他們完全忘記平和寧靜的原則、平等待人及充滿愛心的原則，被自私、惡意、仇恨矇蔽自己的心智。

一個真正具有能量的人，一個言行經得起時間考驗的人，一個值得人們尊重和敬仰的人，必須在任何時候不放棄做人的原則，不放棄自己的信仰，即使是他擁有的全部財富將要變為灰燼之時，即使是他的名譽及生命受到威脅之時。

對原則的認識，可以賦予人們能量

真理是獲得內在的必要條件，內在啟蒙又是獲得精神能量的必要條件。只有透過堅持不懈地實踐，才可以認識那些精神原則。

為了全面透徹理解神聖的愛，首先要對它進行沉思默想，讓神聖的愛的光芒，照耀你每個習慣、你的所有行動、你與別人的一切交往、你擁有的全部思想與願望，都必須浸潤著神聖的愛。堅持不懈地這樣做下去，神聖的愛就會變得越來越強大、越來越清晰，與此同時，你自身的缺點也會更明顯，這種鮮明的對比會激勵你不斷地付出新的努力。如果你感受到神聖的愛的光芒照耀，脆弱、自私、不完美就無法繼續控制你。你將會不斷追求愛的照耀，讓愛為你清除身上所有的錯誤與不和諧，讓自己與這種愛融為一體。這種與神聖的愛融為一體的狀態，代表著精神能量。

如果你可以堅定不移地執行其他精神原則，例如：純潔的原則與同情的原則，並且以同樣的方式去運用它們，就表示你在追求真理的道路上一路前行，你的心靈會變得純淨，你的靈魂會變得純淨，不會再受到那些與純潔和同情衝突的各種衝動的擺布。

想要獲得精神能量，就要認識、理解、堅持這些原則，精神能量會讓你在今後的人生道路上變得日益公平、冷靜、耐心。

能量之道

想要不放縱自我，就要擁有冷靜的頭腦；想要不讓自己毫無忍耐力，就要擁有神聖的認識。真正具有能量的人，是那些可以在紛紜複雜的社會中保持冷靜的人。世間之人，想要隨波逐流、自行其是是非常容易和輕鬆的，但是只有真正的偉人，才可以做到不受世俗的控制、行高於眾。

一些神秘主義者認為，如果可以在冷靜方面做到完美，就可以擁有源源不斷的能量。有了它，任何奇蹟都不是問題。確實，如果誰可以完美地控制自己的內在能量，做到處變不驚，誰就可以輕鬆自如地把那些能量派上正確的用場。

如果一個人可以不斷地增強自身的自我控制能力、提高自身的耐心，以及保持平靜方面的能力，與此同時，他的力量與能量也可以得到增強。想要做到這樣，就要把你所有的注意力放在原則上。我們還是嬰兒的時候，必須在父母的幫助下才可以行走，隨著我們自身的不斷努力和能力的增強，經歷無數次的跌倒爬起之後，我們最終可以獨立行走。同樣地，在尋求自我獨立的道路上也是一樣。我們必須經歷磨練，堅持不懈地付出努力，才可以獲得真正的能量。想要成為一個高於別人的佼佼者，就要努力擺脫世俗、傳統、陳舊規矩的束縛，不要因為別人的想法和說法而改變自己的態度和觀點，要成為自己的主人。

思考的人

你做出判斷的標準要對得起你的良知！你抵禦外界各種誘惑的法寶，就是你自身內在的靈光。也許有人指責你的行為是愚不可及的，有人批評你的判斷是錯上加錯的，有人指出你沒有任何靈光，只有黑暗，你要做的就是檢查所有的言論是否正確，然後把錯誤的言論像抹去地上的塵土一樣擦掉。如果他們說的是正確的，對於一個追求智慧的人來說，越早發現他們言語的正確性，越對你自身有利，而且你只有檢驗自己的能量，才可以有那樣的發現。你應該選擇一條正確的人生道路，然後沿著這條道路勇敢前行。

經得起風吹雨打

不是說按照道德準則和自己的良心行事就可以一帆風順，我們同樣會遇到許多的挫折和失敗，身心也會遭受創傷的侵襲，但是只要我們堅持不放棄，隨時保持自己的信念，勝利的號角就會在前方為我們吹響。

你應該找到一塊堅定的基石，也就是一個原則，穩穩地踩著它，把它當作你的墊腳石，毫不動搖。此時此刻，因為你的腳下有堅實的基礎，所以任何自私自利的狂風暴雨都打不倒你。

不管何種形式的自私自利，都會耗費我們自身寶貴的能量，都會讓我們變得不堪一擊。對於自私自利的人來說，前途是一片黑暗，沒有半點光明；對於無私的人來說，因為無私給予他們無窮的能量，讓他們達到崇高的精神境界，所以前途是陽光普照，鳥語花香。精神生活的日益充實，會促使我們更堅持道德原則，我們會變得如同那些原則一樣完美無缺，最終可以品嘗到它們不朽本質的甜蜜果實。

把無私的愛化為現實

據說米開朗基羅（米開朗基羅・迪・洛多維科，與李奧納多・達文西、拉斐爾並稱「文藝復興三傑」，以人物「健美」著稱）可以在每一塊石頭中，看到一種等待著大師之手將其化為現實的美麗。與之相同，我們也可以宣稱，在每個人的內心，都有一種等待著信仰及耐心的大師之手把它發掘出來的神聖形象。那種神聖的形象，是純潔無瑕、大公無私的愛的具體表現。

神聖的愛的精神，深埋於每個人的心靈深處，儘管我們經常會因為其遮蓋一層堅硬得幾乎無法穿透的外表而忽視它，但是它神聖的、纖塵不染的本質卻是永恆而難以忽視的。它就是人們心中的真理，它的地位至高無上，它的形象真實而不朽。所有的事物都在不斷地改變或消失，唯獨它不會改變，不會消失。人類透過實行至高的正義把這種愛轉變為現實，隨時提醒自己愛的存在，並且用愛的神聖光芒來指引我們的生活，如此一來，我們就可以到達不朽的境界。我們自身也會讓真理和上帝為伍，就可以真正瞭解神聖而不朽的本質。

想要追求、理解、體驗這種愛，我們必須付出自己的勤奮、堅忍不拔的意志力，必須培養自己的忍耐力，堅定自己的信念。因為我們還要克服很多缺點，走過漫漫長路，才可以讓愛的神聖形象變得光彩奪目。

失敗是一種錯覺

想要追求神聖的愛並且將其變為現實存在的人，必須要具備充足的耐心。因為如果沒有充足的耐心，就無法追求真正的智慧和神聖的愛。沒有足夠耐心的人，即使他在不斷地前行，也會對自己所做的一切產生懷疑和動搖，甚至懷疑所有的努力都是徒勞無功的。他心目中的形象無法保持純潔無瑕的容貌，甚至他憧憬自己透過堅持不懈地努力終於達到自己目標的時候，他心目中那個原本神聖不朽的愛的完美形象已經變得模糊破敗。他必須以昔日的辛酸經歷為借鑑，一切從頭開始。然而，對於那些堅定不移地追求神聖的愛的人來說，世界上根本不存在失敗這個說法。

所有的失敗都是暫時而膚淺的，努力的人可以在每次挫折和坎坷中得到教訓、吸取經驗，然後提升自己的智力，並且勇敢地朝著自己的崇高目標邁進。因此，我們應該認識到，挫折和坎坷是我們成功登頂的必經之路，所以我們應該有足夠的耐心，抱持勇往直前的精神來攀登這座高峰。

常人的愛與神聖的愛

你所有的失敗、悲傷、苦難是你的良師益友，它們可以告訴你，你的弱點在哪裡，你的錯誤在哪裡，你的失敗為何，如果你可以明白這個道理，就會開始不斷地審視自己，不斷地自我反省。你會明白，必須拔除心田的雜草，才可以到達完美的境界。如果你在前行的路途中，堅持不懈地克服心中的自私自利，就可以逐漸撩開無私的愛的神秘面紗。

如果你變得越來越有耐心，就可以更好地保持冷靜，不會因為一些不順心的事情而怒火沖天，或是大發雷霆。你可以徹底擺脫強大的欲望和偏見的統治和奴役，並且很快意識到，你的內在會變得更聖潔，可以到達無私的愛的境界，你的心境會變得更平和，你自己也會成為不朽者。

神聖的愛與常人的愛的區別主要在於：神聖的愛對誰都是公平的，常人的愛有一定的局限性，它的對象是特定的。存有常人的愛的人，會因為那些特定對象的不幸或死亡而陷入悲痛之中。神聖的愛包容整個宇宙，它對於世界的任何一部分都是相同的，它本身就包容了整體。如果你想要追求神聖的愛，就要讓你內心的常人的愛變得純淨，把所有自私和不純潔的因素全部

思考的人

驅逐出去，並且逐步擴大它。到了那個時候，所有的痛苦都會遠離你的內心。

常人的愛因為其狹隘性和明顯的局限性，並且經常夾雜著個人利益，所以也會附帶很多痛苦因素。如果一個人的愛是神聖的愛，就不會考慮任何個人利益，因此不管在何時何地，都不會因為自己付出的愛而收穫痛苦。但是，我們無法否認的是，常人的愛是通往神聖的愛的必經之路，我們的心靈只有充滿最深刻、最強烈的常人的愛，才可以隨時準備昇華到神聖的愛。只有經歷常人的愛以及這種愛帶來的痛苦，我們才可以把神聖的愛化為現實。

常人的愛如同我們的身驅一樣，是逐步走向死亡的，是有保存期限的，有一種愛卻是永恆不朽的，不依附於任何外在的有形之物。

常人的愛經常因為我們輕易造就的仇視和憤怒而抵消，但是有一種愛卻認為，整個世界不存在任何敵對的事物。這種愛是神聖永恆的，是純潔無瑕的，是沒有被追逐私利的自我玷汙的，它的光明可以讓整個世界變得光輝燦爛。

常人的愛是神聖的愛的基礎和前提，想要讓自己的內心普照神聖的愛的光芒，就要付出自己的努力。之後，我們再也不會因為自己的愛沒有得到別人的回報而悲傷不已。

思考的人

我們因為承受磨難而有所成長

所有的母親都是滿懷愛心哺育自己的孩子，如果她年幼的孩子遭遇意外死亡了，她會感到天塌地陷般的悲痛。這是常人可以理解的，因為她痛失愛子，所以再大的悲痛都是人們可以想像的。所有的母親都具有常人的愛，磨難會讓她們心生感悟，會讓她們的常人的愛逐漸轉變為神聖的愛。

情人、兄弟、姐妹、丈夫、妻子遭遇到自己鍾愛的有形對象離開人世的時候，巨大的悲傷會籠罩他們，這是人之常情。他們遭遇磨難的折磨之後，有可能學會把自己內心的愛轉移到其他人或事上，如此一來，他們就可以得到無限的滿足。

那些驕傲自大者、心懷叵測者、追求個人享樂者，只有遭遇到失敗、羞辱、不幸的時候，才會有所轉變。經歷磨難之後的他們，才可以精心思考人生中神秘莫測的事物，才可以讓自己的心靈得到淨化，才可以把自身設置在接受真理的準備狀態上，才可以讓自己獲得成長。

如果你的愛心受到痛苦之刺的襲擊，你充滿友誼與信任的靈魂遭遇憂鬱、孤單、遺棄的陰雲侵襲的時候，你的那顆心就會轉向永恆的愛，並且在它寧靜的平和中找到安憩之地。不管永恆的愛遭遇何種境況，它都不會因此而倍感苦惱、憂鬱、不幸，它永遠不可能被遺棄在黑暗的角落。

神聖的愛，不尋求任何回報

只有那些經歷過磨難的心靈，才可以感受到神聖的愛的光芒照耀，只有無知與自私的那些毫無生機的生物被清除之後，天堂般的情景才有可能被察覺及重現。

只有不計較個人得失、不存有任何偏見、不讓任何人感到悲痛的愛，才可以被稱為神聖的愛。

有些人整日追名逐利，每天過著邪惡的生活，偏執地認為擁有神聖的愛對自己來說是不可能完成的任務，那是聖人和上帝要做的事情，因此他們不會付出任何努力去追求神聖的愛，那跟自己毫不相關。實際上，把追名逐利當作終極目標的人永遠不可能擁有上帝的愛，但是如果我們可以把內心和頭腦中的自我清除乾淨的時候，就可以把這個至高無上的愛變為一種現實。

這種神聖的愛的現實化，與人們經常掛在嘴邊卻沒有真正理解的耶穌之愛的現實化是不同的。這種愛不僅可以救贖人們的心靈，將其脫離罪惡的深淵，也可以賜予人們抵禦各種誘惑的能量。

神聖的愛是無私的

如果你可以領悟到神聖的愛，就可以獲得新生，不再受制於追逐私利的自我。在人們的心目中，你成為一位富有耐心、品性純潔、可以自我約束、慈悲為懷、和藹可親的人。

神聖的愛或是無私的愛，不只是一種情操或感情，而是一種智慧狀態。進入這種狀態的人，會徹底脫離邪惡的控制，清除自己頭腦中錯誤的思想，讓自己的心靈變得純潔高尚。在神聖的智者眼中，智慧與愛是一個緊密相連、不可分割的共同體。

這個世界正在向徹底實現這個神聖的愛的目標前進，宇宙的存在也是為了這個目的。而且我們每次追求幸福，每次勾畫的藍圖，都是為了把這種愛變為現實而做的一次努力。但是這個世界上仍舊有很多人還沒有認識與理解這種愛，他們甚至選擇漠視這種愛的存在，因此苦難與悲傷仍然在這個世界裡橫行。只有這種愛完全變成現實的時候，苦難與悲傷才會徹底地遠離我們的生活，我們才可以成為收穫平靜幸福人生的智者。

所有甘願拋棄追名逐利的人，所有要與自身所欲斷絕關係的人，都可以獲得這種愛、這種智慧、這種平靜、這種心靈純潔無瑕的境界。

苦難的鎖鏈

宇宙之間沒有獨斷專橫的力量，是人們自己鍛造捆綁自己命運的鎖鏈。人們願意被苦難的鎖鏈捆綁，就是因為他們對此甘之如飴，他們的內心那個自我空間裡擁有的是甜蜜和美麗，如果他們貿然地拋棄自我，就會失去所有值得擁有的和真實的東西。

因為自身犯下的錯誤而遭受到苦難侵襲的你，任何人都無法強迫獲得你的反應、同意、服從，任何人都無法控制你的人生。

我們的內在力量為我們鍛造捆綁自身的鎖鏈，為我們建造黑暗的監獄，如果它願意，它也可以打破鎖鏈，拆毀監獄。終有一日，我們的心靈會發現它所住的監獄充滿黑暗、毫無價值，如果它願意，它可以清除所有的苦難，接受無限的光明與關愛。

苦難和幸福總是與人們的思想和行為息息相關，如同魚和水一般，如同形和影一般。在我們生存的世界裡，任何一個果都是由與其相關的因造就的，不管這種因是潛藏著還是已經被揭示出來，這種因的參照物就是絕對正義。有些人在最近或是很久以前種下邪惡的種子，只能收穫苦難的果實；有些人在最近或是很久以前種下善良的種子，可以收穫幸福的果實。對此，人們應該進行深入細緻的思考，努力理解因果定律的奧秘，如此一來，在以後的人生道路上，將會只種下善良的種子，而且可以拔起以前心靈花園裡叢生的雜草。

理解無私的愛

這個世界上，有很多平凡之輩不能理解無私的愛，因為他們把自己關進個人享樂的囚牢中，被自我利益捆綁，並且錯誤地把那些享樂與利益當作真正值得自己為之努力奮鬥的東西。他們替自己編織欲望之網，為自己的利益受到損害而憤怒不已。所以，他們看不到真理的純潔和美好，他們受到錯誤思想的欺騙而且還在自欺欺人，他們無法走進愛的大廈。

雖然人們在內心進行過無數次的變革，但是因為他們的內心沒有培養也無法透徹地理解這種無私的愛，再加上他們的變革只是皮毛而已，沒有深入到內在的實質中，也沒有為此做出任何犧牲，所以無法達到理想的效果。如果我們只是幻想著自己的變革可以讓這個世界走上正確的道路，但是我們的內心卻還是一如往常，被追名逐利控制，實際上我們的行為卻為邪惡的滋生提供更好的溫床。真正的變革是要把自己的內心變得純淨無瑕。人們的心靈是所有邪惡的發源地，只有這個世界走出自私與黨派紛爭的陷阱，培養出無私的神聖的愛，人類才可以真正地步入幸福的黃金時代。

如果富裕的人不會嘲笑貧窮的人，貧窮的人不會仇恨富裕的人；貪婪的人學會懂得給予，貪得無厭的人學會純淨自己的靈魂；所有黨派之間停止無謂的爭鬥，尖酸刻薄的人學會心存寬容；嫉妒欲望強烈的人可以為別人的成功而真心喝采，造謠生事的人因為自己的行為而感到羞愧，這個世界上所有的人都可以加入到行動的行列中，幸福的黃金時代就會來臨。所以，可以隨時讓自己的心靈保持純淨無瑕的人，才是這個世界上最偉大的人。

如果進入黃金時代，無私的愛就可以變為現實。雖然進入黃金時代還有很長的路要走，但是如果人們可以心甘情願地徹底告別追逐私利的自我，消除偏見和仇恨，不再動輒責備別人，取而代之的是親切隨和、寬以待人，人們現在就可以進入黃金時代。

任何存在仇恨、厭惡、譴責的地方，都無法找到無私的愛。無私的愛存在的先決條件就是：停止所有譴責的內心。

愛是無條件的

也許你在剛開始的時候，還可以對別人心存友善，甚至會讚揚欽佩對方，可是如果對方在不經意之間觸犯到你的利益，或是做出一些違背你意願的事情，你就會厭惡他們，甚至對其口出惡言。如此一來，就表示你尚未具備真正的愛心。如果你無法對別人保持寬容，就永遠無法培養出無私的愛。

那些可以真正認識到萬事萬物的核心都包含愛的人，可以發掘愛的巨大力量，並且對自己的內心不留任何譴責的餘地。

那些沒有認識到這種愛的人，就會不斷做出評判和處置別人的行為。實際上，他們忘記宇宙之間已經存在永恆的評判者及處置者。很多人只能在自我理解的範圍內看待具體的變革及途徑，可是他們輕易地把別人貼上狂熱者、不平衡者、缺乏知識者的標籤。很多人自以為很偉大，認為自己才是真正值得別人崇拜的人，經常衡量別人的所作所為。

可是，愛不會把人們分出等級，也不會把他們貼上各種的標籤。內心存有無私之愛的人，不會強迫別人接受他的觀點，也不會絞盡腦汁地希望別人可以相信他做人做事都是最明智的。他可以理解和貫徹愛的定律，可以用平靜的心情和溫和的態度去對待任何人。總之，他對所有人都可以公平平等，不管道德品格高尚與否、聰明與否、有學問與否、自私與否。

依靠自律獲取知識

你必須堅持不懈地進行自我控制，持續不斷地戰勝自己，才可以獲得這種超級知識，這種神聖的愛。只有你的心靈達到純潔無瑕的時候，才可以看到神聖上帝的顯靈，才可以獲得新生，你的內心才可以獲得不會消失、不會變化、不會給你帶來傷痛和悲哀的愛，你才可以永遠生活在寧靜和安詳的氛圍中。

如果你想要在內心培養出神聖的愛，就要不斷努力克服和壓制譴責別人的想法。你的內心變得純淨無瑕的時候，就不會讓譴責在你的內心存在，沒有譴責存在的心靈，才是完美的愛的落腳之處。

基督教徒和無神論者之間互相譴責的戰爭仍舊在繼續，天主教徒和新教徒的戰爭也不會停息。人類的心靈本來應該充滿平靜和關愛，可是現在卻充斥著無休止的爭鬥與仇恨。

對自己的兄弟心懷仇恨的人，就是在肆意地踐踏神聖的愛。想要在你的內心培養出無私的愛，必須懷有公平的、不以個人的喜好為轉移的平等態度，對所有的宗教人士和不信仰宗教的人士一視同仁。

如果你掌握神聖的知識，培養無私的愛，就可以徹底戒除肆意譴責別人的做法，把所有邪惡從你的思想中清除，把你的思想覺悟提升到一個新的高度。可以做到這一點的人，就可以認識到愛、上帝與正義的廣泛存在和至高無上，而且明白它們可以征服一切。

想要讓自己的人生道路變得神聖而平靜，想要把無私的愛化為現實存在，就要培養堅強、公平、善良的品格，培養自己敢於說真話、不肆意指責和汙蔑別人的良好習慣，努力讓自己成為一個純潔無私、充滿愛心的人。在生活中，你慢慢就可以認識到，指示別人依照你的意志行事不僅是錯誤的，而且是行不通的。即使不與別人發生爭吵，你仍然可以把自己的優良之處發揚光大；即使不依靠陰謀詭計，你依然可以成為人們心目中的聰慧之人；即使不壓制別人的意見，你仍舊可以依靠自己的光明磊落來征服別人的心。因為愛擁有巨大的力量，可以征服一切，而且愛的思想、行為、語言也具有永恆的生命力。

我們必須明白，愛是廣泛存在的、至高無上的，進而使自己擺脫邪惡的追捕；讓內心變得平靜，我們必須明白所有的人都在以他們自己的方式，在追求真理的道路上不斷前行，心滿意足、遠離悲傷、與人無爭。這就是平靜，這就是高興，這就是不朽，這就是神聖，這就是無私的愛變成現實的存在。

走進無限

自從人類誕生之日開始，雖然人們因為必須依附世間所有永恆性的事物，自身的要求和欲望都受到限制，人們也明白自己賴以存在的肉體有一天會走向死亡，但是人們仍舊不停地努力嘗試走進無限的王國，渴望獲得永生。

雖然世間的歡樂和幸福可以為人們的心靈帶來真實感和滿足感，但是與此同時，痛苦和悲傷也在不斷地提醒人們注意，那些歡樂只是過眼雲煙，它們的存在必將逝去，眼前的一切都會不復存在，人們內心的真實感和滿足感也會隨之離去。雖然人們不斷地勸服自己相信充足的物質享樂可以帶給自己無以比擬的歡樂，但是他們又可以清醒地認識到這只是自欺欺人，想要找到無限的寧靜並且得到永恆是不可能的，只有人類自身才是永恆的。

人類的本質和精神都是神聖而永恆的。所有的信仰、所有的宗教精神，甚至愛的靈魂都依託於這一點。如果人們持續不斷地努力，就可以逐漸意識到自己永恆的本質。

人類的精神是無限的

人類的精神與無限緊密相連，只有無限，才可以使人們得到精神上的真正滿足。我們一直陷入迷惑和錯覺中，我們的內心就會遭受痛苦的侵襲，我們前進的道路也會布滿許多障礙，只有徹底擺脫迷惑和錯覺的控制回到永恆的現實中，痛苦才會遠離我們。

如同空氣中的每個陽光分子，都可以折射出太陽的光芒一般，每個在意識上從無限中分離出來的人，自身都可以表現出無限的相似之處。依據自然定律，每種植物最終都會凋零腐化，最終把自己融入泥土中，同樣地，對於任何情況下都可以發生效用的本質定律，每個人最終也會回歸到自己的本源，把自己融入到寬廣肥沃的土地中。

每個人都夢想著可以和無限融為一體。世人經常談論的智慧、關愛、平和，在本質上說就是與永恆定律的完美和諧。但是，對於大多數人而言，這種神聖定律是難以理解的。個性、分離、自私，是智慧與神聖的對立面。透過不斷地克服自身的缺點，徹底與智慧和神聖的對立面決裂，每個人都可以加入到不朽與無限的行列中。

這樣做對於那些把物質財富看作生命的自私自利的人來說，簡直猶如世界末日的來臨，他們無法想像這樣做以後，自己將要如何生存下去。實際上，這種決裂卻可以讓人們收穫無可比擬的幸福，讓人們享受到真正而持久的愉悅。那些內心仍舊是懵懂不堪、無法理解做人意義的人，那些只注重事物的表象、不在乎事物長久與否的人，他們只依附於自己的錯覺，他們的人生沒有真正的價值。

肉體是會消失的

人們把自己的肉體看得無比重要，並且為了讓它長久地延續下去，不惜一切代價來滿足肉體的所有需求。但是儘管人們不斷地欺騙自己的肉體永遠不會消失，但是人們終究無法控制時間的流逝，也無法避免肉體逐漸走向死亡。而且因為對死亡的恐懼，對自己將會變得一無所有的恐懼，即使在人生中最幸福的一刻也會感覺到惶恐，他們生命的每一刻都會伴隨自私自利的蹤影。

人們如果浸潤在短暫歡娛與奢華的酒罈中，就會逐漸忘記自身的神聖，沉醉在橫流的物欲中無法自拔。如此一來，人們就會把肉體不滅論視為顛覆不破的真理。

不管自私用何種方式稍加玷汙人們的靈魂，人們就會失去精神能量，把短暫誤認為是永恆，把消失誤認為是不朽，把錯誤誤認為是真理。如此情況之下，那些荒謬絕倫的理論和推測就會在整個世界肆意流行。其實，每個血肉之軀從出生之日開始，就註定消失的命運，依照其本質的不可更改的定律，無論如何，這一天都無法避免。

宇宙之間必然走向消失的一切，永遠不可能成為永恆，永恆永遠不可能消失；腐朽的永遠不可能成為不朽，不朽的永遠不可能消失；暫時的永遠不可能成為永久，永久的永遠不可能成為暫時；表面現象永遠不可能上升到內在本質的層次，內在本質永遠不可能墮落到表面現象的地步；錯誤永遠不可能成為真理，真理永遠不可能成為錯誤。世間所有的人類不可能讓自己的血肉之軀成為永恆，但是他們卻可以透過瞭解自身的所有錯誤，讓自己的精神進入永恆的境界。「上帝是不朽的。」我們只有到達上帝的意識狀態，在覺悟上升到上帝的層次，才可以成為不朽者。

練習自我克制

自然界所有一切有形的生命體都在不斷地變化中，它們的存在都是短暫的，也無法永恆存在。只有自然規律是永恆不變的。雖然自然界的生命體不計其數，而且互不相同，但是它們要遵循的自然規律卻是相同的。人類只有擺脫自身的局限，徹底袪除內心自私的念頭，才可以擺脫個人錯覺的束縛，為自己插上理想的翅膀，拋棄所有註定逝去的形體，朝著光明飛過去，並且最終到達真理的聖地。

想要達到這個遠大目標，我們需要的是嚴格自律。我們首先必須克服與生俱來的動物的原始欲望，把自己從奢侈與享受的牢籠中釋放出來，並且要善於控制自我，不斷地培養自身的美德，讓自己變成一個謙遜、溫和、寬容、充滿愛心的人。如果我們透過堅持不懈地努力實踐，最終達成目標，就可以自豪地宣稱自己終於進入神聖的境界。

「善意給人們遠見」，想要具備神聖的遠見，想要做到是非分明，想要明辨真理和謬誤，我們必須克服自身的局限，改正自己性格上的弱點，做到對所有生命充滿善意。因此我們可以說，至善之人是智者，是聖人，是人生的頓悟者，是永恆的瞭解者。

如果你在某個人的身上看到溫和、耐心、謙遜、優雅、自制、忘我、同情等優良品格，就表示這個人具有至高的智慧，他完全有資格做你的良師益友。因為他把內心的神聖化作自己的內在品格和具體言行，他已經做到與上帝同在，是一個成功擺脫局限性的人。如果你發現某個人缺乏耐心、容易動怒、自吹自擂、追求個人享受、渴望功名利祿、缺乏善良之心，就表示這個人不具備真正的智慧，所有他掌握的理論都是錯誤和荒謬的，他的言行舉止無法承受時間的考驗。如果你整日與這樣的人為伍，就會隨其一同走上歧途。

想要走進無限，必須拋棄追求個人利益的自我，克服自身的局限，並且學會控制自我。

思考的人

物質世界、血肉之軀、個人習性，都只是鏡花水月。那些可以看透鏡花水月，並且不斷提升自己的覺悟、在精神上頓悟的人，都會明白，所有的虛假都會現出原形，所有的錯誤都會改為正確。

走進永恆

在這個世界上，有一個偉大的定律，擁有對萬事萬物的絕對支配權；有一個共同的原則，是所有事物的出發點；有一個永恆的真理，是所有問題的萬能鑰匙。如果我們掌握這個定律、這個原則、這個真理，就相當於走進無限，我們就相當於是一個永恆者。

用愛的偉大定律來指導自己的人生，就可以收穫平靜、和諧、安寧。把內心的衝動置於理智的控制之下，把內心的邪惡驅逐出心靈世界，不斷培養自己的美德，讓神聖的冷靜來支配你的言行舉止，如此一來，你的心靈會得到淨化，你也可以深刻地體驗到永恆與無限的原則。如果你做不到，就無法體驗到永恆與無限的原則。一個人只有隨時按照這個原則行事，他的心靈才可以獲得平靜，他才可以被視為明智之人。如果做到這般，就表示他擁有令人敬重的美德，他可以用本真的愛心去對待別人，不再與別人發生衝突。

走進無限與永恆，表示我們徹底擺脫構成黑暗王國的時間、塵世、軀體，表示我們已經立身於構成光明王國的永恆、天堂、精神。

走進無限，不是一種純粹的理論或情感，而是一種至關重要的體驗，這種體驗是依靠不斷地淨化內心得到的。只有我們不再把自己的血肉之軀看作自己的全部，只有我們的欲望得到徹底的馴服及淨化，只有衝動受到控制、情緒平靜而安定，只有感情停止波動、內心處於完美的平靜，我們才可以真正進入無限的殿堂，才可以收穫真知灼見和寧靜安詳。

追逐自私自利，會讓人把真理拒之門外

在我們的生活中，會遇到各種的問題，我們經常感到痛苦、煩躁、失望，甚至倍感絕望，不想去努力地解決那些問題。為什麼會如此？這是因為我們受到自身局限的束縛，未來對於我們而言是漆黑一片，我們找不到出路。因此，如果我們無法用盡所有方法去擺脫束縛、解放自我，就永遠無法發現真理，看到光明。如果我們還是把個人利益放在首要位置，把自身置於轉眼即逝的物質財富與個人享樂的牢籠中，我們永遠無法領悟真理，也永遠無法認識永恆。

如果你可以把頭腦中所有的自私自利思想清除乾淨，就可以克服所有困難。自我犧牲的海水淹沒所有錯誤的時候，宇宙之間就不再有錯誤。自我克制的光芒照耀所有問題的時候，宇宙之間也不再有問題。所有的問題都是由我們自己的幻覺產生的，如果我們消滅追名逐利的自

我，問題就會迎刃而解。自私也與問題一樣，涉及紛繁複雜的黑暗，永恆的簡練放射出真理的光芒。

如果人們只是想要滿足自己的個人利益，就無法發現真理和獲取真理。如果他們只是想要追求個人的幸福，就會失去更深遠的、更純潔的、更持久的幸福。

蘇格蘭著名的散文家和史學家湯瑪斯·卡萊爾曾經這樣說：「只是想要追求個人幸福，不算是較高層次的追求。一個人即使不為個人幸福去做事，最終反而可以感受到無盡的幸福……我們所鍾愛的，不應該是個人享樂，而是真理。如果你擁有一顆追逐真理、追求完美的心，你心中的所有矛盾都會被化解，你的心境會變得寧靜安詳。」

那些可以與自私自利徹底決裂，並且可以徹底清除不良品性的人，是生活中的強者。他們可以跟茫然疑惑揮手告別，讓自己的人生活得更有價值。也許在大多數人的眼中，他們只是一群不會為自己和家人的幸福生活打算的傻子，實際上，他們才是最有智慧的人，他們真正地步入無限。步入無限境界，無論做什麼事情，他們都可以遊刃有餘，所有疑難雜症對於他們來說，都是微不足道的。他們已經掌握真理，只要按照永不改變的原則，就可以輕鬆地完成任何事情。

動物性的原始衝動、理智、智慧三個層次，是逐漸增高的關係。如果人們得到思想啟蒙，就可以獲得這種智慧。他們把自己的欲望置於理智控制之下，改正自己的錯誤，並且消除自己的偏見，進而認識上帝，看到天堂。在他們的思想中，儲存著為別人奉獻的美好想法，甚至可以為了成全別人的幸福而放棄自己的生命。這樣的人最終可以獲得無法比擬的幸福和超脫生死的永恆生命，成為不朽者。毫無保留地奉獻一切的人，反而最終可以收穫一切，並且可以讓自己的生活變得無比幸福、無比和諧。

相信至高無上的善良

如果你想要獲得步入無限的資格，就要徹底擺脫追求個人利益的思想，並且要敢於犧牲自我。所有的自私只是鏡花水月，要清楚地認識到自私的荒謬，只有如此，才可以讓自身相信偉大定律，相信至高無上的善良，才可以為擁有長久無限的幸福做好準備。

對於這樣的人來說，世間不存在遺憾、失意、怨恨，那些負面的東西都是由人類的自私因素造成的，他們已經瞭解自身的自私因素，所以不管生活中遭遇到什麼，都可以心平氣和地接受，認為這是為了考驗自己、鍛鍊自己、提升自己，總是樂觀滿足地看待任何事情，自私自利在他們那裡沒有立身之所，他們的心中只有真理。他們不再為天氣的變化無常而心煩氣躁，也不會為世界的動盪不安感到惶惶不可終日。許多人整天怒火沖天，不相信世間自有真情在，或是與別人嬉笑怒罵的時候，他們也可以向所有的人獻出真誠的愛心。雖然這個世界上還有很多不盡如人意的地方，但是他們可以清晰地認識到，這個世界已經在向前發展，而且也認識到：

整個世界歡笑和哭泣相互交織，發展和停滯相互交雜，盲目和智慧同時共存，光明和黑暗矛盾並處，美德與罪惡共同生長，雖然這樣，但是歷史的腳步永遠不會停歇，在上帝的光芒照耀下，這個世界一直都在向前邁進。

窗外狂風呼嘯，下起傾盆大雨的時候，沒有人為此憤怒不已，因為他們知道這些風雨只是暫時的。爭執衝突的狂風暴雨席捲這個世界的時候，智者可以用真知及同情的目光看待它，他們明白風雨不會長久，在傷痕累累心靈的廢墟上，不朽的智慧殿堂即將拔地而起。

世間出現具有最大的耐心、無限的愛心、純潔的內心之人的時候，人們應該意識到自己的福氣將會來自於此人。他所說的話值得人們沉思默想，這些話可以啟發人們的智慧，提升人們的層次。這個人是真正步入無限的人，他依靠自我犧牲的巨大能量，領悟神聖的人生奧秘。

思考的人

真正的服務就是忘我

愛的精神是完美生命表現出來的美好感受，是人類精神的最高獎章，是認知這個世界的至高目標。想要檢驗一個人具有的真理，只要檢驗他具有的愛心就可以了。如果一個人沒有讓愛來指導自己的行為，就不可能掌握真理。那些不能寬容待人、經常責罵別人的人，即使他們說自己忠實地信仰某個宗教，他們所說的話也無法通過真實的檢驗，因為他們已經遠離真理。相反地，那些可以不斷地培養自己的耐心、心平氣和地傾聽別人的意見與建議的人，所有問題對他們來說都是微不足道的。而且，他們可以帶動別人妥善地處理所有問題，這樣的人才可以真正掌握真理。

一個人怎樣生活？他具備和展示出來的精神是什麼？在壓力和誘惑之下，他如何行事？生活中有許多這樣的人，他們不斷地吹噓真理就在他們的手中，可是他們卻不斷地受到悲傷和失望情緒的騷擾，即使遇到微小的壓力和誘惑，他們也會無法堅持。這樣的人沒有資格擁有真理。一個可以固守自己的美德、不被個人情緒影響的人，才是真正堅持真理的人。

人們會自己編造一些教條，並且把它們奉為真理。實際上，那些教條經不起時間的考驗，而且真理不能編造。真理無法用明確的語言來形容，而且想要透徹地理解它，必須要求人們擁有較高的知識水準。真理可以透過實踐讓人們有所感悟，它的真實表現是一顆純潔的心和一種完美的人生。

在普羅大眾中，哪些人才配讓人們稱讚他是真理的堅持者？就是那些可以在自己的人生道路上用真理做導航器的人；在自己的實際生活中，言行舉止都展現真理的人。一個人如果可以透過徹底清除自身的自私自利，遠離喧囂吵雜，做到平心靜氣地思考，平心靜氣地做事，隨時克制自我，放下爭執、偏見、責罵，心甘情願地對眾人獻出自己神聖無私的愛，就是當之無愧的真理的堅持者。

言辭無法證明真理

不管在何種情況下都可以保持耐心、平靜、溫和、寬容的人，可以讓真理的光芒得以閃耀。真理永遠無法依靠與他們的口頭爭辯和已經學過的經典來加以證明。如果一個人不能保持無比的耐心，不能讓自己的靈魂變得寬容大度，不能在行事的時候灌輸無盡的情愛來感受真理

思考的人

的存在，即使再能言巧辯的人也無法讓他相信真理的存在。

對於那些一點小事就可以在他們的心海激起波瀾的人來說，他們獨處的時候，或是他們處於一個安靜的環境氛圍的時候，保持平靜及耐心不是一件十分困難的事情。對於那些不能寬容別人、關愛別人的人來說，別人用善意對待他們的時候，溫和待人不是一件十分困難的事情。但是如果要求他們在任何情況下都可以做到這一點，就會非常困難了。一個人如果在最可以考驗自身的時候都可以保持平靜、溫和、耐心，我們可以說他是一個堅持純潔無瑕的真理的人。

這種美德是神聖的，想要具備這種美德，就要清除身上所有自私自利的品性，要對至高無上、不可更改的定律有所認識和領悟。你在人生道路上行走的時候，必須要認真遵循這些定律。

因此，我們應該勸說人們停止毫無休止地爭論真理，應該認真反省自身言行，努力做到把自己的所有言行都表現出和諧、平靜、關愛、善意。我們應該宣導人們用自己的實際行動去展示自己的高尚品格，堅持不懈地追求真理，讓自己的靈魂遠離所有錯誤與罪惡，變得充滿陽光和善意。

愛的定律

愛的定律是一個偉大的定律，是整個宇宙的奠基石。雖然在不同的國家、不同的時代，人們對愛的定律的稱呼不盡相同，但是透過名稱的表象，人們可以借助於對真理的領悟，發現不可更改的相同定律。所有的稱謂、宗教、個性都會隨著時間的流逝而消失，但是愛的定律卻是一個例外。如果你掌握這種定律的相關知識，並且在實際行動中可以隨時讓它指導你的行為，就可以成為一位不朽者，一位戰無不勝者。

在認識這個定律的過程中，人們會經歷許多苦難的折磨，甚至會體驗死亡的痛苦。但是如果人們真正認識這個定律，他們的道路將是正確而平坦的，苦難再也不會出現，生死的問題對他們而言，也不再是恐懼害怕的事情，他們已經與真理融為一體。

愛的定律不受任何個人感情或是偏見的影響，它的至高表現就是無私地為別人服務。如果我們的心靈因為得到足夠的淨化而認識到真理，就會願意為別人做出最後的、最偉大的、最神聖的犧牲。如果我們可以做到如此的自我犧牲，我們的心靈就會得到神聖的解放，我們不會對清貧的現狀感到不滿，也可以心甘情願為別人繼續奉獻自己的力量。

思考的人

謙遜是偉大的象徵

那些被眾人推崇為世界的領導者，具有超出常人的謙遜。他們不斷地消除頭腦中那些不純潔的思想，進而逐步培養自己的美德。永不改變的、無限的愛可以在他們的身上得到淋漓盡致地展現。那些拒絕只計較個人利益和個人享樂，拒絕為了一時的權力而爭得你死我活的人們，才可以領悟超脫個性的真理。他們的生活和他們的信念一樣，閃爍著一樣的純潔光芒，顯現著一樣自我犧牲的精神，展現著一樣的人性光輝，貫徹著一樣的高尚品格。

那些已經被眾人崇拜、給予掌聲的精英們，也可以貫徹執行那些非人性的法則，不被個人的情感和偏見影響，對於他們來說，沒有任何觀點和特別的教條需要他們特地去宣傳詆毀，他們對於信仰可以做到堅定不移，他們的生活已經到達高度完善的境界。現在他們唯一的目標，就是用自己的善良去指導和支配自己的行為、思想、信仰，進而為別人做出榜樣，讓人們的覺悟可以得到提升。他們的任務就是把那些被奴役的同類拯救到上帝這邊，為此貢獻出自己的力量。

一個人如果把自我看作是唯一的神聖，不去理解屬於非自我的善良，拒絕承認所有拯救者的神聖，把自我看作是至高的神聖，這個人的心中只會儲存個人的恩怨以及教條般的爭論，同時又會竭盡全力地詆毀別人的觀點而捧高自己的觀點，視那些與自己觀點不同的人為異端，這樣的人無法表現絲毫的無私的美麗與人生的神聖。真理不受任何事物的局限，任何人、任何學校、任何國家都不能為了達到自己的目的而把真理作為工具使用。真理如果摻入自私的時候，就會失去自身存在的意義。

聖人和賢哲之所以會被人們崇拜和推崇，就是因為他們具有無私的品格。他們不會為了自己的利益而想盡辦法，他們的所作所為會展現出神聖，可以經得起時間的考驗。他們的心靈從頭到尾都是純潔無瑕的。他們在為別人奉獻自身力量的時候，從來沒有想到回報；他們做事的時候，不會為過去而感到遺憾，也不會掛念將來可以收穫什麼。

播種

農民休整完土地開始播種之後，他知道自己可以做的就是這樣，接下來他要做的就是相信自然規律，耐心地等待收穫季節的來臨。不管他對此有何種期許，田地裡收穫的果實不會因此而發生變化。那些生活中的聰慧之人會播下善良、純潔、關愛、平和的種子，不會做出任何不切實際的期許，也不會掛念自己最終會收穫何種果實，因為他們知道一種偉大的定律會決定剩下的一切。播下善良、純潔、關愛、平和種子的人，最終會收穫無限的幸福與歡樂。播下邪惡、仇恨、冷漠、衝突種子的人，最終會收穫無盡的悲傷與痛苦。

思考的人

有些人無法理解那些具備無私心靈的神聖的人，他們認為自己所做的一切行為都是一種奇蹟，並且認為自然規律對自己沒有任何作用。這樣的人經常自視清高，認為自己是一個佼佼者。他們的錯誤認識，就像一個堅實的牢籠，緊緊地鎖住他們的心靈，並且讓他們整日與苦難住在一起。

每位神聖者都是因為堅持不懈地為別人奉獻自己的力量，最終才步入完美的階段。如果你可以認識到這一點，並且透過自己始終如一的努力，徹底根除低劣的品性，偉大與榮譽之門就會永遠向你敞開。

如果你可以做到自我約束，可以做到為別人奉獻自己的一切，並且以聖人和賢哲為學習榜樣，堅持不懈地努力下去，終有一日，你也會成為聖人和賢哲之中的一員。

真理其實非常簡單，它只要求人們放棄追逐私利的自我，堅持向真理的方向邁進，如此一來，真理就可以讓人們的生活變得更加陽光燦爛，但是仍然有各種的評論和謬誤，企圖像土山一樣把真理埋葬。如果你可以堅持正義，願意為了尋求真理而不惜生命的代價，真理對你來說，永遠不可能被埋葬。真理不需要我們整日埋頭苦讀，從書本中尋找它。雖然有時候我們可能會因為被頭腦中邪惡的思想和強烈的欲望矇蔽，進而看不到真理的存在，但是真理如鑽石般透亮和純淨水般的簡單特性是不會改變的。在真理光芒的照耀下，自私的堅冰終究會被融化。

我們不必學習那些深奧繁複的理論，也不必依靠鑽研那些枯燥難懂的哲學來認識真理，只需要讓自己的心靈變得純淨無瑕，讓自己的人生變得一塵不染。

控制情緒

人們如果踏上高尚的道路，就開始學會控制自己的情緒。這種品性是成為賢哲的準備條件，聖者是由賢哲轉變過來的。把個人享樂看作自己的人生目標的人，總是想盡辦法去填滿自己的欲壑，絲毫沒有想過要約束自己的欲望，控制自己的情緒。那些具有高尚道德的人在控制自己的情緒方面做得很好。賢哲們會清除內心所有邪惡的情緒，把所有自私與不純潔的思想徹底趕出自己的精神世界。對於聖人而言，情緒的變化對他們無法產生任何影響，所有不純潔的思想也跟他們沒有任何關聯，在他們的內心世界居住著善良與純潔，散發著像花朵一樣沁人的芳香。神聖之人擁有神聖般的智慧，他們已經完全領悟真理，並且到達寧靜安詳的境界。對他們而言，在善良的宇宙之光的照耀下，邪惡已經徹底失去它賴以安身立命的場所。智慧的象徵是永恆的神聖。

克里希那語重心長地對阿朱那王子說：「崇尚謙遜、真誠，不存有害人之心；耐心與榮譽；尊重充滿智慧的人；純潔、表裡如一；自我克制、自我犧牲；正確看待生命、死亡、年

齡、疾病、苦難、罪過；具有一顆水晶般純潔的心……自我淨化，達到崇高的精神境界，追求有意義的人生。我的王子，這才是真正的智慧！其他的都是謬誤。」

真正的服務就是忘我

不管是誰，只要可以堅持不懈地擺脫自身自私自利的束縛，並且努力地用關愛來代替它，即使他是清貧如洗之輩或是富裕如山之輩，都可以成為聖賢。

對於一般民眾而言，如果你不斷地努力，想盡辦法讓自己進入更高的精神境界，成為像聖安東尼（來自埃及的基督教聖徒，曠野教父的著名領袖）那樣的聖賢之人，就可以實現自己的理想。在賢哲的眼中，聖人安靜地坐在那裡，不受任何罪惡與悲傷的影響，不因為遺憾與悔恨而痛苦，任何外在的誘惑都不能打動他們，做到如此，他們就可以信心百倍；在聖人的眼中，拯救者積極地運用自己的聰明才智去拯救人類，他們隨時掛念人類的疾苦，他們的偉大之舉讓聖人敬仰萬分。

無私地愛著所有的人，全心全意地為人類奉獻自己的力量，這才是真正的服務。有些人總是認為花言巧語就可以把這個世界從黑暗混亂中解救出來，總是不斷地犯錯，總是喜歡吹噓自己的性格、自己的工作，以及做出的各種奉獻和犧牲，而且隨時希望別人重視他們。這樣的人，即使可以得到別人暫時的認同和推崇，他們的行為也經不起時間的考驗，無法步入真理的殿堂。

只有那些不是為了個人利益而做的工作，才可以經得起時間的考驗；為了個人利益而做的所有工作，不具備任何能量，也經不起時間的考驗。不管何種服務，即使它再微不足道，只要拒絕自私自利而做出自我犧牲，就可以稱得上是永恆的服務，真正的服務。任何的事蹟，即使它的表象再顯赫，但是如果它的出發點是自私自利，它的本質就違背服務定律，因此它會像曇花一樣，經不起時間的考驗，不具備太大的價值。

這個世界上，所有的宗教都在講述完美無私的一課，所有的聖人和賢哲也在講述這一課，世俗之人可以從他們的身上學習到這種偉大而神聖的品格，並且可以依靠它來指導自己的人生。那些嘲弄這一課，並且執拗地走上這條自私道路的世俗之人，應該認真地反省。

所有宗教的追求目標，所有神聖的開端，都是一顆純潔的心靈。如果你在追尋這種正義，就說明你已經走上真理與平和的道路。可以走上這條道路的人，不久就可以感受到自己似乎已經超脫生死的限制，可以認識到只要自己沿著正確的道路不斷努力，終有一天，可以實現自己的崇高理想。

完美平靜的實現

宇宙之間從未間斷過騷動、變遷、不安，但是在萬物的內心深處，存在一處從未因為任何事物和人物引發騷動的平靜，永恆就寄居在此處。

人類具有雙重性：一方面，人類的外部不停地變化，隨時處於不平靜的狀態；另一方面，一種永恆的平靜卻蘊含於人類的心靈深處。

就像是龍捲風中也有狂風無法到達的平靜中心，人類的心靈也留有任何悲苦、放縱、悲哀的狂風無法攪亂的平靜深處。到達這個深處，並且持久地生活在其中，就是平靜。

雖然外部世界是動亂的，但是宇宙的核心卻有未曾被打擾的平靜。人類的心靈，在經歷過被各種負面的情緒騷擾以後，最終逐步達到和諧狀態。到達這種狀態，並且持久地生活在這種狀態中，就是平靜。

仇恨把人類的生活變得更醜惡，把壓迫帶入人們之中，把國家捲入無情的戰爭中。許多人雖然不明白為什麼會出現這種狀況，但是他們卻相信有一種神聖的愛，到達這種愛的境界，並且在生活中持久地保持這個境界，就是平靜。

如果你可以做到這種內在的平和，這種和諧，這種愛，就表示你到達人類追求的較高的境界。人類之所以難以到達這個境界，就是因為很少有人願意放棄自我，做到猶如孩子般純潔無邪。

天堂的大門如此狹窄，
自私自利者無法找到它，
塵世的錯覺矇蔽他們的眼睛，
甚至找到道路的明眼人都發現，
天堂的門被東西阻擋，很難打開。
認真觀察就會發現，
擋門的盡是驕傲與情緒、貪婪與欲望。

人們乞求平靜、平靜！然而，平靜卻非常難得，相反地，到處都是傾軋、憂慮、衝突。

自我約束可以帶來平靜

社會的發展與和諧或是戰爭的勝利帶來的平靜，都只是暫時的，因為它們都有可能因為情勢的突然變化而立刻消逝。真正可以承受時間的轉變和風雨洗禮的只有心靈的平靜，只有無私的心，才有資格體驗這般平靜。

神聖本身就是永久不變的平靜。平靜可以依靠自我約束來獲取，不斷提升的智慧能量，可以引導人們在人生的道路上不斷前行。人們想要體驗到它，就要不斷地培養自己的美德。你的人生中徹底清除所有的自私，取而代之的是純潔無瑕，平靜就可以真實地展現在你的面前。

擺脫自私自利與人生的貪欲，
把深植於內心的情緒置於控制之下，
熄滅內心的衝突之火，
平靜自然而然可以變為現實。

啊，親愛的讀者，如果你想要收穫屬於你的平靜，就要對永不熄滅的光、永不終結的歡樂、永不被打擾的安寧有所領悟；如果你想要收穫屬於你的平靜，就要拋棄你的罪惡、你的悲傷、你的焦慮；如果你想要收穫屬於你的平靜，就要走上正確的人生道路，克服你的自我。親愛的讀者，讓你的所有思想、所有衝動、所有欲望，置於你自身之內神聖能量的控制之下。只有這條路才是通往平靜的唯一道路，如果你想要依靠其他的方法，即使你每一天都堅持祈禱，即使你每個星期都堅持去教堂做禮拜，最終還是會一無所獲。你必須執著地沿著這條正確的道路走下去，最終才可以收穫平靜。

找一個時間，逃離外面的繁華世界，放棄感官的享樂，放下與別人的爭執，逃離喧鬧的人群，把自己置身於沒有個人欲望打擾的內心深處，你會發現神聖的寂靜以及可以為你帶來無限幸福的平靜。你可以在那個神聖的地方休憩，還可以在那裡進行深入思考，你將會獲得一雙認識真理的眼睛，透過這雙眼睛，你可以看清世間所有事物的本質。

沒有個人欲望打擾的內心深處，才是你真正神聖的永恆自我，只有你可以依靠那裡思考行事的時候，才會發現自己可以算得上是「擁有正確思想的人」。那個地方是平靜的存身之處，是智慧的發源地，是不朽的居住之地。如果失去這種內心的休憩之地，就會失去真正的平靜，你也無法真正地瞭解神聖。只要你在這種內心的休憩之地逗留一分鐘、一小時，或是一天，就可以體會到內心的平靜賜予你的快樂與幸福。

思考的人

真理之路，必須由你自己來走

你自身的所有罪過與悲傷，所有恐懼與焦慮，都是你自身造就的，你可以把它們當作你的財富，也可以棄如敝屣。你可以為自己選擇不安的生活，也可以為自己選擇平靜的生活。任何人都無法幫助你拋棄罪過，除了你自己。即使是再偉大的導師，也只能為你指明真理的道路，除此之外，他們無法再幫助你。他們有自己的真理之路要走，你的真理之路，也必須由你自己來走。只有透過自身的努力，把你的心靈徹底釋放出來，擺脫破壞平靜的所有事物，才可以獲得真正的自由與平靜。

其實，神聖的平靜與快樂的天使就在我們的身邊，如果你無法感受到他們的存在，無法讓他們陪伴在你的身邊，那是因為你把他們趕出你的生活，你喜歡與你自身的邪惡因素為伍。我們究竟會成為什麼樣的人，完全取決於我們自身的努力、我們自己的願望、我們自身的喜好。如果你從現在開始努力，讓自己變得更純淨，就可以步入平靜的殿堂。相反地，如果你現在開始拒絕自我淨化，就會把自己永遠置於悲痛和苦難的殿堂。

如果我們可以做到不與世俗的醜惡同流合汙，可以放下生活的煩惱與狂熱，徹底清除自身中追名逐利的自私自利，就可以步入內心的休憩之地。在那裡，吹拂著平靜的清爽之風，你將會感受到前所未有的心曠神怡與精神煥發。

所有理性的人都應該盡快脫離罪惡與苦惱的囚牢。你伸手就可以摸到平靜心靈的時候，還有什麼理由要待在罪惡與苦惱的囚牢裡？

徹底戒除所有自私自利的做法，把你的貪婪丟進垃圾堆裡，就可以獲得內心的平靜。

如果你可以把自身之內動物般的原始衝動置於控制之下，把自私的躁動用平靜去平息，把每種不和諧的聲音消滅為無聲，把自私的本性用上帝的愛去融化，就可以收穫完美平靜的人生。透過這種控制、這種平息、這種消滅、這種融化，啊，親愛的讀者，即使是擁有血肉之軀的你，也可以蹚過流著腐朽黑水的河流，最終到達不會降下悲傷的暴雨、不會充斥任何罪惡、苦難、黑暗的彼岸。站在彼岸，神聖的、滿腔都是愛、已經覺悟並且可以做到自我犧牲的你，終於認識到：那種精神是永恆的，時間的流逝不會對它產生任何影響，那種精神永遠具有強大的生命力，死亡也對它束手無策。

然後，你就可以認識到罪過的意義、悲傷的意義、苦難的意義，如果你可以超脫它們，就可以變為充滿智慧的人，也可以瞭解因果關係是普遍存在的。

在這些認識的基礎上，你的心靈可以獲得徹底的平靜和完全的休憩，你就可以收穫前所未有的幸福、不可言喻的歡樂、沒有局限的知識、純潔無瑕的智慧、永遠新鮮的愛，也可以把自己處於真正的完美和平靜之中。

—第五篇—

理想的王國

每個人的心中都有意無意地渴望正義；每個人的心靈都會借助它特有的方式，並且依靠它特有的認知層次，努力地實現這種渴望。

渴望是一樣的，正義是一樣的，但是尋求正義的途徑卻是五花八門的。

心靈的偉大需求

每個人的心靈都有所需求，每個人的需求也不一樣，所有的人都不能在某種程度上感覺到它。它是一種精神上的日常需求，這種需求在培養心靈的具體過程中，在我們瞭解外在事物方面，以一種無法言語的饑渴形式表現出來。不管心靈是否對外在事物有豐富的瞭解，它永遠不會感到滿足。很多人無法充分地掌握知識，容易被一些表面的東西誤導，只想透過不停地佔有物質財富，來滿足這種饑渴。他們相信這樣做可以滿足自己心靈的需求，讓自己的內心進入平靜的境界。

每個人的心中都有意無意地渴望正義；每個人的心靈都會借助它特有的方式，並且依靠它特有的認知層次，努力地實現這種渴望。渴望是一樣的，正義是一樣的，但是尋求正義的途徑卻是五花八門的。

那些對正義有明確追求的人，在很短的時間內就可以收穫正義賜予的持久的、真正的心靈滿足，就是因為他們已經走上正確的道路。

那些對正義沒有明確追求的人，雖然在很短的時間內可能感覺到無比的快樂，但是卻無法收穫正義賜予的持久的、真正的心靈滿足，因為他們在很長的時間內偏離正確的方向。既然他們為自己選擇一條充滿苦難的坎坷之路，在走這條路的時候就會感受到痛苦的陪伴，與此同時，他們內心對正義的渴望與日俱增。

如果我們無法實現正義，不管在清醒還是做夢或是入睡的情況下，心靈都無法收穫持久的滿足。無論我們的心靈是否寄託在肉體中，都會持續地受到磨難的侵襲，最終再也無法忍受越來越強烈的磨難，就會飛向它唯一的避難所——正義的避難所——並且在那裡找到它苦苦追尋的歡樂、滿足、平靜。

正義的準則

心靈的偉大需求，就是對被稱為正義的永恆準則的需求。以此作為基礎，心靈可以得到安全的休息，不必顧忌世間的風吹雨打，也不會感到迷惘。在正義的準則之上，心靈可以建造一座美麗的、和平的、完美的人生大廈。

只有找到這個準則，心靈才可以為自己找到休憩之地，我們才可以發掘出幸福無限的泉

思考的人

源。找到正義準則，就可以找到一切，找不到它，就會失去一切。它是一種思想態度，一種覺悟狀態，一種不可言傳的認識，在它那裡，衝突無處存身，心靈卻可以得到舒適的休憩。心靈的偉大需求，而且是所有的需求，在沒有爭鬥和沒有憂慮的前提下，都可以得到滿足。所有在這條正確的道路上堅持不懈追尋的人，都會收穫無限的幸福；那些苦苦的追求者，沒有一個人會毫無收穫、失望而歸。

競爭定律與愛的定律

有些人說自然法則殘酷無情，這是因為在他們的眼中，自然界充滿殘酷的競爭；有些人說自然法則友善可親，那是因為他們看到的是自然界保護和友善的一面。然而在現實生活中，自然界法則是公平的，既非某些人的口中那麼殘忍，也不像某些人想的那麼和善。更確切地說，正義本身比起法則更勝一籌。

自然界發生的所有災難，無關自然界本身，也就是說，問題的根本不是在它的身上，而是進化過程中必然的痛苦經歷，就像溫暖祥和的早晨必須經歷黑暗迷惘的夜晚。

大火吞噬一個幼小的生命，人們看到這個慘痛的悲劇，不會因為這個孩子的無辜而認為是「火可以吞噬生命的肉體」這個自然定律在發揮作用，要把火繩之以法。要麼會說是因為孩子的無知，要麼會說是因為父母的粗心大意。即使是這樣，人們在生活中被情緒的無形之火吞噬的時候，通常不會把自己的毀滅歸罪於自己的無知，而是把它歸罪於隨時都在發揮作用的自然

思考的人

定律。只有在某年某月的某一天，人們學會自我控制和自我保護的方法，就不會再拿自然定律當作自己無知的擋箭牌。

世界上的每個生命，他們的最終歸宿就是自己心靈無形的力量，並且使它可以和諧統一。無論之前還是現在，有些人已經實現這種至高的、令人稱道的追求。只有一個人真正深入瞭解自己，做到自我克制，可以和諧地調節自己心靈的無形力量，才可以脫離殘酷的爭鬥，遠離苦難的泥沼，獲取健康的體魄以及幸福甜美的生活。

瞭解競爭

如今，所有生活在文明國度中的人們，絞盡腦汁、費盡心思，只是為了那顆貪慕虛榮的心，競爭在他們的世界裡已經到達極致。與此同時，我們的時代進步了，我們的科技發展了，我們的生活富裕了，但是我們的精神卻空虛了，這是因為我們的心靈已經無法承受那些毫無休止的激烈競爭。心靈最疲憊的時候，它的需求也是最大的，誰的心靈有充分的需求，誰沿著正確的道路做出不懈的努力，誰獲得的成果就會越大。同樣地，越大的誘惑需要越強的抵禦力與之抗衡，它的任務就會越艱鉅，它取得的成功也會越顯著。

人們爭強好勝，熱衷於相互攀比，互相爭鬥，以為這樣可以贏得自己嚮往的豐厚財富和幸福快樂。他們陷入你爭我奪的戰爭中，他們的心靈就會被無形的枷鎖禁錮，這是無法避免的。只有到了那個時候，他們才會意識到自己的謬誤，才會想到要尋求更好的出路。

只有不斷地自我反省，才不會停止前進的腳步。也就是說，只有一個人透過深刻反省，才會對自己遭受的痛苦與悲傷有正確的認識，才會明白那些毫無休止的爭鬥只會造成許多悲劇，才會下定決心退出這種無謂的爭鬥。只有退出這場黑暗的傾軋爭鬥，才有進入平靜高尚的精神世界的資格。

只有透徹地理解傾軋爭鬥會成為追尋充實的精神世界的阻礙，只有充分地理解在人類活動及世間動盪中隨時都在發揮作用的競爭定律，人們才可以看清人生中的虛實與真假。如果脫離這種透徹的理解，在通往美麗的精神世界的道路上將會寸步難行。

必須揭開虛假的面紗，才可以欣賞到真實的美麗；必須清除扭曲的錯覺，才可以觸摸到真實的本身；必須打開禁錮我們心靈的枷鎖，拋開虛渺的名利，才可以獲取無限的真理。

因此，願意思考、真心追求的讀者們，我衷心希望在我開闢通往純淨的精神殿堂的道路之時，你們可以和我一起揚帆起航。首先，我們會進入一個充滿傾軋爭鬥與貪圖私利的地獄般的世界，看清凶險惡毒的本質，然後我們就可以透過努力，到達平靜與關愛的世界。

思考的人

競爭的自私性

一位知名作家的書中曾經寫到冬日捕鳥，讓我想起我的家鄉，在寒冷的冬天，人們也會餵食鳥兒。我們可以看到，鳥兒饑寒交迫的時候，牠們團結友善，互相依偎著保持溫暖，不會製造衝突；假如牠們有一份小量的食物，就會企圖獲得比維生的量更多的食物，如果牠們的食物超過牠們的所需，多餘的食物就會導致鳥兒們相互爭鬥。

假如我們再給牠們一塊麵包，一場鳥兒之間沒有硝煙的戰爭就會不可避免。儘管牠們已經吃得很飽了，足夠幾天的需要，但是牠們還是不會離開，反而會堅守在那塊麵包旁邊，用自己的目光和姿態阻止其他鳥兒的靠近。然而，就是由於這樣激烈的爭鬥，鳥兒們陷入不安和恐懼之中，牠們一邊吃食物，一邊注意周圍的動靜，隨時擔心失去自己的食物，或是失去自己的性命。

充裕導致自私

這是一個非常典型的故事，告訴我們：無論是自然界還是人類，競爭的定律無處不在，不會因為其導致的殘酷結局而消失。競爭的源頭其實是剩餘的物質，也就是說，存在剩餘的時候就會存在競爭，它不會存在於匱乏之中。所以，一個國家富裕了，人民的生活富足了，為了享受更加奢侈舒適的生活而展開的競爭就會毫無休止。

假如這個國家遭遇天災人禍，人民的生活陷入極度的貧困中，關愛與同情會取代競爭性的傾軋。人與人在給予中品味幸福，在獲得中品味和諧。此時，有些人已經找到那份幸福和諧，最終所有的人也可以找到。

我最可愛的朋友們，你們秉持真誠的心閱讀這本書的時候，請記住一個事實：充裕帶來競爭，而非匱乏導致競爭。一方面，它會幫助你們理解我接下來要講述的內容；另一方面，可以使你們看透所有與社會生活以及人類活動密不可分的問題。除此之外，如果你們可以對其進行沉思，並且把從中悟出的道理運用到自己的實踐中，你們通往理想王國的道路上就會減少很多坎坷。

為了清除這個事實帶來的邪惡，我們首先必須找出它的原因。

競爭導致苦難

人類及社會都無法逃脫與自然界相同的結果，這些結果是必然的，絕非偶然，無法用任何牽強的理由掩蓋。就像種子會開花，花中也有種子，你中有我，我中有你，有因有果，親密無間。果並非由它自身之內固有的任何東西導致的，而是由存在於因中的生命與推動導致的。

思考的人

我們環顧這個社會，會發現它是一個傾軋爭鬥的世界。這個世界裡的人們、團體、國家，為了成為最大的受益者，都在不停地苦心鑽營。

我們看到的還有被打敗的弱者，擁有金銀財寶的強者。然而，在這個爭鬥的世界裡，又有多少悲慘的畫面：妻離子散、家破人亡、集團瓦解、國家分崩離析……

人們的臉上掛滿痛苦的淚水，無言的訴說著他們刻骨銘心的痛苦。在激烈的爭鬥中，許多年輕的生命被摧毀。我們透過傾軋爭鬥的生活導致的結果，會發現其實那是可悲的生活，毫無幸福可言。伴隨著慘痛而真實的畫面，我們應該在自己的人生道路上以此為鑑。

內在與外在活動

所有植物都需要土壤、水分、陽光，只有土壤中有足夠的營養和水分，才可以使它們不斷地生長。同樣地，每個人都需要從自己的內心吸收足夠的養分，才可以使自己在人生道路上自由行走。無論是痛苦的深淵或是幸福的彼岸，都不是外界因素導致的，都是由於人類真實的內心世界，因為人類的所有行為都受其支配。

人類自身之內有組織的生命結構，為了要把自身積蓄的能量發揮出來，所以會為此開拓發展管道。同時，為了讓它可以顯示它的潛能，累積它的經歷，它也會為此而製造和利用工具。

我們的宗教、社會組織、政府機構的存在，其實也是為了相似的目的。

在人類生活中，所有可以看到和感覺到的事物都是結果，雖然它們面對刺激可以做出一些本能反應，但是這永遠不會讓它們轉變為因，它們身為果的身分是永恆不變的。那種持久而深奧的原因，使許多結果展現在人類生活中。

自私——競爭之源

人們為了瞭解和解決問題的時候，總是被事情的結果矇蔽雙眼，他們迫切而狂躁的心讓他們無法認真思索，也無法看到真正的原因。其實，真相就藏在人們的內心，只有把它找出來，所有問題才會迎刃而解。

所有的社會騷亂、政治爭鬥、宗教仇恨、個人糾紛、商業競爭，都有一個共同的原因，那就是自私。這裡的自私是廣義的解釋，泛指以自我愛護、自我保護當作自私自利的藉口，不惜一切代價滿足自己利慾薰心的行為。

自私這個因素是競爭的主凶，也是競爭定律的靈魂，只要消滅它，一切都會灰飛煙滅。無論是誰，只要他的內心隱藏著任何形式的自私，競爭定律在他的人生道路上隨處可見，他就會如同傀儡般隨時聽命於它們。

人們內心的爭鬥是外在爭鬥的因，直接導致外在爭鬥的果，因為內心的爭鬥必須透過一定的管道向外界展示。人們費力地堵住一個管道，隨後內在的能量會立刻為自己開闢出另一個管道。

也就是說，只要內心存在任何自私的空間，就無法消除傾軋爭鬥，競爭定律也不會退出人生舞台。假如人們忽略這一點的力量，所有的追求最終都會破滅；假如人們可以深刻認識它，徹底掃除內心所有自私的塵埃，所有的追求才會被實現。

自私必須被根除

不難發現，是自私點燃競爭的導火線，它是所有競爭定律的持久泉源。可以這麼說，如果把傾軋爭鬥的地球比作一棵大樹，所有激烈的爭鬥就是掛滿枝頭的葉片，自私就是它的根，痛苦和悲傷就是它結的果。

憑藉簡單地修枝裁葉卻想要剷除這棵樹是天方夜譚，只有挖掉它的根才可以。同樣地，在生活中，如果單純地採取一些措施就等於砍掉樹的細枝末節，這樣做的結果會給剩下的樹枝製造更多的生長空間，採取一些改善外部境況的措施，只會讓那些扎根於人類內心的自私之苗有更大的空間開花結果。外在的措施只能在表面掩蓋一些問題，無法從根本上解決問題。

「花園城市」是無私的愛

陶淵明（東晉時期著名詩人、文學家、散文家、辭賦家）的筆下，曾經有一個如仙境般的世外桃源，那裡的人們安居樂業，空氣清新，鳥語花香。今天，就在我們之間，也有很多人在努力尋找那個書中的天堂。只有所有無私的心聚集的光，才可以指引我們找到真正的世外桃源。假如我們的內心被自私的陰霾覆蓋，所有的追求和尋找都是海市蜃樓。

假如居住在世外桃源裡的人們感染自私的病毒，即使是自私病毒中的自我放縱，所有的鳥語花香將會被相互之間激烈的爭鬥摧毀，清新的空氣中瀰漫硝煙的氣息，如詩如畫的天堂將會淪陷為自私自利的戰場。善良的靈魂被低級的私欲控制，他們的眼睛看不到友善，看不到美好。不擇手段成為他們獲取利益的途徑，唯利是圖成為他們的全部。

只有居民們主動防禦抵抗自私的侵入，保持健康的身體，每個人都點亮自己那顆無私的心，照亮每個家庭，我們才可以看到那個充滿光明、充滿愛的世界，到處都是欣欣向榮的景象。

尋求解決方法

我們摸著競爭這個瓜，順著傾軋這條藤，找到埋藏在土壤裡的自私之根，就會思考如何才可以徹底消滅它。在思考解決方法的時候，要記住一點：斬草要除根，否則春風吹又生。

每一顆善良的心都無法漠視苦難的人們，每一雙智慧的眼睛都可以看清苦難的根源。就算讓自私穿上華麗的外衣，也無法欺騙那些對真理有執著之心的人。人們看清它的邪惡面孔之時，內心就會產生強烈的渴望，渴望克服它、戰勝它，就會想盡辦法來制止它。

人們首先想到的方法就是制定一些規章制度，或是建立一些新的社會機制，用以辨識別人的內心是否自私。

然而，所有的制度和機制不是驗鈔機，無法辨別真偽，這些人也面臨不斷地失望。為什麼會出現這種情形？那是因為他們沒有完全明白是什麼構成自私，在認知上存在模稜兩可。憑著對自私的一知半解，他們可能在某些方面克制住自身的自私，在某種程度上成為高尚之人。然而，自私可能存在於對別人、對處理未來的那些比較微妙的事情上。

不斷地失望，往往會使他們出現以下兩種現象：失望累積成為絕望，選擇放棄，讓自己重新沉浸在自私的國度裡；越挫越勇，仍然執著地尋求解決之道，不斷地沉思默想，直至找到一條路可以走出困境。這條路也會被堅持不懈的人找到。在這條尋找之路上，他們對每件事情必須做到細緻觀察、深入瞭解、仔細思考、反覆分析，努力克服每次困難，解決每個問題。如此十年如一日的堅持，他們的心靈會得到淨化，他們的理解力會得到增強。最終，他們會找到摧毀自私的方法，那就是：首先要徹底清洗自身所有自私的汙垢，而不是想盡辦法去摧毀存在別人身上的自私。

正是這種精確的察覺，才可以使我們獲得精神上敏銳的洞察力，它在我們頭腦中的甦醒之日，就是通往真理的道路被找到之時。

假如一個人可以鐵面無私地對待自己，不妄加評判別人，就可以衝出傾軋爭鬥的圍城，徹底擺脫競爭的陰影，超越競爭定律，把所有的邪惡甩開，讓自己沐浴在燦爛幸福的陽光下。他奔跑在鋪滿星光的大道上，不僅是他的覺悟在不斷提升，周圍的人們也會被他感染。人們的目光緊緊地跟隨他，跟隨他的足跡找到正確的道路，踏著堅定的步伐繼續前進，所有純美的光會照亮整個黑暗的世界。

神聖的愛是完美的

可能就在這裡，有些人會很疑惑，他們會問：「一個無私的人，不會被自私的人傷害嗎？超越自私定律的人，不會被深陷傾軋爭鬥裡的人拉攏嗎？一個努力純潔自我的人，不會被不純潔的人玷汙嗎？」

可以非常肯定地說，他們不會。誰也無法更改神聖而完美的秩序，也就是說，每個人都會品嘗自己的行為果實，自私自利之人會因為其自私的行為而遭受禍害，已經走出自私泥潭的人不會收穫自私之果。

這是無庸置疑的，競爭定律在每個自私者的身上都會發揮它的作用，每個自私之人都要為自己的自私行為負責。在當今的社會上還存在一種現象：有些人並非惡人，卻落入貧困的境地。那是因為：在這個團體中，存在一些損人利己之人，他們為了滿足自己的私利，致使其他人受到牽連。歷經千錘百鍊的真理是這麼說的：要建造一個和諧美麗的地球，必須要求組成它的每個部件可以完美地自我調整，才可以互相支撐起來。然而，假如其中某個部分調整方面出現問題，就會導致內部的其他成員受到不同的損害。

每個人都有自己做人的原則，如果一個人放棄自己至善的原則，選擇與唯利是圖的原則同行，自私者遭遇的痛苦和悲傷就會波及到他。反之，假如他堅決與自私自利的行為劃清界線，堅持自己的原則，那些定律就不能支配他、影響他，他的內心就會奏響和諧之音。

自私滋長於無知

之前，我們把地球比喻成一棵樹，自私是這棵樹的根。然而，根要依靠什麼吸收養分？答案是：無知的黑土。土壤裡的愚昧無知滋長著樹根，換言之，是無知使自私之根得以存活和茁壯。這裡所說的「無知」，並非是簡單地缺乏知識。

自私猶如一個盲人一樣，它的所有發展都伴隨著黑暗。它不具備任何知識性，從根本上而言，它與啟蒙的根源脫節，只是一種盲目的衝動，不瞭解任何事物，不遵循任何定律。究其原因，就是因為它在不瞭解任何定律的情況下，受到競爭定律的控制。為了讓和諧得以維持，它就無法與苦難脫離。

那些穿著名牌、開著跑車、吃著山珍海味的富人們，他們的財富多得自己都難以料理，為了這些沒有意義的奢華物質，他們失去原本應該平靜的生活，錯過追求真理的機會，陷入爾虞我詐的爭鬥中無法自拔。正是由於他們的無知，才會製造出這些可悲的結果。這些人又和那些爭奪剩餘食物的鳥兒有什麼區別？他們原本應該生活在平靜幸福的生活中，卻為了佔有更多的物質財富而不停地爭鬥。

只有無知，才會使人們掉入黑暗的困境中。此時，智慧的眼睛已經被欲望矇蔽了，無私已經被自私吞噬了。為了佔有更多的資源、土地、食物、財富，爭奪就會以各種形式出現。儘管它可能打著華麗的旗號，卻無法掩蓋它貪婪的本性。正義之神已經牢牢地盯著它，它終究會得到正義的懲罰。

也許在這一分鐘，罪惡的人還沒有得到懲罰，在下一秒，正義之劍就會毫不猶豫地向他們刺去。

正義之神對待富人和窮人都是一視同仁。所有自私的人們，無論是貧窮的或是富裕的，都會承受他們應得的懲罰，沒有人可以僥倖逃脫。今天的窮人也許就是明天的富人，今天的富人也許就是明天的窮人。

自私的人就像懸掛在半空中，他們活得膽顫心驚。惶恐不安與自私者如影隨行，即使他們依靠不擇手段獲取自己想要的財富，也無法心安理得地享用。最糟糕的是，所有的自私之人都面臨巨大的恐懼，那就是對死亡的恐懼，他們的生活也被灰色陰暗的天空籠罩。

人生最本質的東西

人生最重要的究竟是什麼？所有事物都會向前發展，很多人不明白這個道理。他們被無知的黑暗包圍，不瞭解那些永恆的定律，他們認為人生最重要的是吃得飽、穿得好。他們相信食物與衣服可以為自己帶來幸福，他們的首要任務就是不惜一切代價去獲取它們。

這是一種近似於動物的本能，出於這種「謀生」的本能，人們心懷鬼胎、勾心鬥角、相互防備，並且總是害怕自己的東西會被別人搶走，所以不斷地發起新的爭鬥，拼個你死我活。

這種最原始的誤解，致使人們出現錯誤的判斷，進而走上歧途，讓自己飽受苦難。事實上，食物與衣服並非人生最本質的東西，它們也不是幸福的泉源。它們屬於非本質的東西，它們是結果，它們是最本質的東西在自然定律的作用下帶來的結果。

人生最本質的東西是什麼？答案是人類的品格，那些包含正直、忠誠、正義、自我犧牲、同情心、關愛的高貴品格，所有美好的想法因為它們的存在而成為現實。

食物與衣服，連同金錢，都是沒有生命力的。它們不具備任何力量，如果脫離人們的使用，只能靜悄悄地躺在那裡，無所用途。它們並非邪惡，也不存在善良，沒有任何法力造福於人或是加害於人。然而，高貴的品格卻是生命本身。只要相信它們，把它們當作自己通往美麗殿堂的台階，就可以找到夢想中的世界。

也許有些人會這樣說：「我出門的時候有名車代步，口袋裡有足夠的現金，睡覺的時候有舒適的被褥以後，再去塑造高貴品格吧！」這些人在對待高貴品格的問題上抱持懷疑的態度，在他們看來，那不重要。他們認為最重要的是存摺上不斷增加的數字，他們會把這些放在自己人生追求中最重要的位置上，進而忽略品格的重要性。因此，為了正義和真理而犧牲自己的利益，在他們看來是不可能的，甚至是可笑的。

在他們的認知裡，食物、衣服、金錢的重要性，已經超過正義和真理。他們怎麼可能會心甘情願地努力追求後者？

遵循愛的定律

相反地，如果一個人可以意識到正義的重要性，對待自己和別人以及所有事物的態度就會發生巨大的改變。他不會再以任何理由自我放縱，也不會被所謂的「謀求生計」控制。他衝破自私的束縛，損人利己的行為已經被他禁止，取而代之的是捨己為人。此時，他超越自私造成的競爭性傾軋，打破只在自私領域中產生作用的競爭定律。

他登峰造極，任由山腳下的狂風呼嘯，懸崖下的駭浪洶湧。他微笑著，安靜地享受和平之光的洗禮。

所有低級的定律對他已經毫無作用，他已經被愛的定律保護，這是一種更高層次的定律。這種愛的定律已經成為他的信仰，他隨時謹記並且遵循它。正是因為這樣，他註定收穫真正幸福的人生。

名啊，利啊，在他的腦海裡，沒有從前那麼顯赫的地位。吃啊，穿啊，不再佔據他內心重要的位置。此時的他，心中充滿愛，考慮最多的是別人的利益，無私奉獻不圖回報，腳踏實地勤懇工作，正直之光始終照亮他的生活，必需的東西會適時出現在他的周圍。

自私會導致悲慘困苦的生活，使人們陷入無休止的爭鬥中；正直會為人們送來幸福的哈達，使人們生活在和諧友善的氛圍中。這種幸福與和諧都是無懈可擊的，是永恆的，是全面滲透的。假如一個人在行為上、道德上、精神上可以堅持正直的原則，他的世界無論在精神上或是物質上都是富裕的、快樂的。

他的靈魂斬斷自私的魔爪，從困苦的泥沼中爬出，用純潔的水洗去身上所有焦慮、擔憂、不安、絕望的淤泥，換上幸福平靜的新衣。即使生活的世界裡還是存在許多勾心鬥角，他依然潔身自愛，過著自己平靜愜意的生活。

即使他的周圍燃燒著自私的烈火，他也可以毫髮無損；即使自私化成無情的駭浪向他撲來，他也可以安然無恙。即使他置身於一個殘酷的戰場，人們互相撕扯，互相傷害，他也可以獨善其身，勇往向前。

因為所有罪惡的力量、所有尖端的武器，都無法刺穿正義的盔甲。他不再苦苦追求私利的時候，成功地甩開焦慮、恐懼、私欲的時候，就開始自我完美的旅途，無限的快樂與寧靜也會隨時陪伴在他的身邊。

「所以說，親愛的朋友，停止追求私利的腳步，不要把你的時間和精力浪費在吃喝上，從這一刻開始，為自己立下崇高的理想，並且全力以赴地努力實現它。」

找到原則

讓靈魂獲得永恆的平靜吧，你會發現，它就在你的身體裡。
讓心靈更堅強一些吧，你會擁有偉大神聖的力量。
讓思想遠離騷動吧，你會找到持久的安寧。

親愛的人們，怎樣才可以走進理想的王國？他們是否可以避開黑暗的陷阱？他們應該如何克服深深根植於內心的自私？

親愛的人們，只有依靠不斷純潔自我，才可以找到理想的王國。如何才可以純潔自我？那是一段不斷自我檢查、自我分析、自我修正的旅途。想要避開黑暗的陷阱，首先必須點亮智慧之光，無知會使人們掉入黑暗的陷阱。同樣地，想要克服內心的自私，首先要認識它並且瞭解它，它不可能自己消失，只有無私才可以戰勝它，所以讓你的心中充滿無限的友善吧！

自私會破壞穩定團結的世界，自私會引起掠殺搶奪，自私會導致戰爭的發生。人們想要獲得自由，擺脫自我的束縛，不做自私的奴隸，不受自私的控制，就要找到一個藏於理想之都的原則，那是一個神聖的、永久的原則。

人們的當務之急，就是心甘情願地拋棄世俗的自我，不要有任何的不捨，也不要為那個世俗的自我找任何理由。他們必須明白自私的價值是多麼渺小，為了一些私利而耗費自己的身心是多麼不值得。只有善良才是最可貴的，才可以主宰自己的人生，它帶來的價值是無法衡量的。

信念演化為知識

信念一定要存在於人們的心裡，只有這樣，才會有人類的進步和成就。每個人的願望都是成為一個純潔的人，每個人都應該堅信正義和團結的偉大力量，每個人都應該保持自己善良的心靈，並且竭盡全力地追求自己的理想。

人們必須經常呵護自己的信念，不斷自我灌輸，並且用收穫的果實鼓勵它。就像一盞油燈，必須隨時保護燈芯、添加新油，才可以保證油燈正常燃燒。如果燈滅了，人們只能在黑暗中摸索。燈帶來的光明，才可以幫助人們向前走，才可以使人們無所畏懼。人們長年累月地前進的時候，就會發現，自己已經取得巨大的進步。這個時候，知識的蠟燭開始燃起，知識之光開始閃耀，巨大的光芒驅走所有黑暗。知識賜予他們敏銳的眼睛，使他們找到神聖的愛的原則，他們走近它們的時候，會被它們散發的無限魅力深深吸引，那種美麗穿透他們的心靈，賜予他們無限的幸福。

獲得進步必須經過的三道關口

每個靈魂在經歷自我約束和自我淨化以後，接下來還要經歷理想之路。那是一條長滿荊棘的狹隘小道，它的入口被自私的雜草掩蓋，很難被找到。就算入口被找到了，也不要得意忘形，必須透過每日的沉思默想，用智慧阻止雜草的生長，避免入口再次被掩蓋。如果迷失方向，人們的精神能量就會逐漸削弱，無力繼續追求。無論是肉體或是精神，都需要自己的食物才可以存活生長。不斷地沉思與默想，就是精神賴以生存和發展的食糧。

一個想要進入這個理想的精神王國的人，開始向自己的世界餵食，也就是開始沉思默想，並且讓神聖完美的光，檢驗自己的心靈及思想。

完美就是他追求的終點，想要到達這個終點，必須經過三關。擋在他面前的第一關就是要放棄欲望，然後是放棄錯誤觀念的第二關，最後是放棄自私的第三關。他閉上雙眼，用沉思默想開始自我檢查，他找到自己的欲望，毫不猶豫地把它們趕出腦海，連同它們在自己的人生及品格培養方面留下的痕跡一併清除；他清楚地認識到，欲望會使自己成為奴隸，或是成為環境的奴隸。他有這個認知的時候，已經成功攻破第一道關口。在過關的過程中，他接受首次心靈的淨化，那就是自律。

放棄欲望

原來的他，只知道吃喝玩樂，所有行為只為滿足自己低級的趣味。他如同野獸般生活，只是盲目地追求心中原始的欲望，沒有任何其他的想法，為所欲為。

然而，現在的他卻要開始活得像一個人，一個堂堂正正的人。他把自己拉回到正確的位置上，不再執著於無意義的事情，開始注重自己品格的培養，所有行為都按照遠大理想的要求實施。此時此刻，理智的他意識到，必須培養良好的習慣。

他開始對自己有所要求，例如：按時吃飯，不再毫無節制地進食，對食物的選擇也有一定的要求。他控制自己的食量，也調整自己吃飯的時間。

他不再睡得昏天暗地，不再讓體內充滿懶惰的習性。他開始制定一些合理的計畫，讓身體得到必需的休息，也讓自己的身體得到鍛鍊，在清晨慢跑中呼吸新鮮的空氣，夜裡安穩地入睡。

思考的人

他不再像從前那樣，經常爛醉如泥，開始追求真正高品質的生活。

假如他可以成功地做到這些，走在管理與自我檢驗的道路上，就可以清楚地認識到欲望的本質，以及它會造成的後果。這些會使他明白一個深刻的道理，那就是：欲望只依靠管理是不夠的，它必須被徹底拋棄，徹底從腦海中清除，讓自己的品格和生活不再有它的一席之地。

走進誘惑之谷

然而，想要消滅欲望，首先要和它進行抗爭，只有經過努力，才可以戰勝它、清除它，並且必須不斷為信念之燈添加新油，保持信念之燈永不熄滅，用它散發出來的光，指引黑暗山谷中的行進者，為他們搖旗吶喊。

但是，在剛開始的時候，困在他體內的欲望就像野獸般，想要用它尖銳的爪牙，撕破他的身體。如果無法成功衝出內心堅固的圍牆，它就會化成年輕貌美的女子，或是乖巧可人的孩子，引誘他，迷惑他，隨時尋找機會重新控制他。這種誘惑是巨大的，難以抵擋，需要更堅定的心、更強的力量，才可以不受它的影響。所謂無欲則剛，只有欲望完全退出人生舞台的時候，他才可以舉起勝利的旗幟。

穿越這條誘惑的山谷，追求者會不斷吸收自己必需的能量，那些可以克制自己、依靠自己、使自己毫不畏懼、讓自己的思想不受其他事物控制的能量。

除此之外，他還必須承受別人的嘲弄與無端的指責。甚至他周圍的朋友、他愛著的人，也無法理解他的所作所想，出言指責他的荒唐，勸說他找回那個曾經自私自利、為滿足自己私欲而不惜一切代價的自己。

似乎他的每個朋友都比他更瞭解自己，他們認為他之前的生活很幸福，追求名利的人生道路很美好。他們努力勸說，嘗試各種方法，試圖把他拉回原來的道路上。他們的無知導致他如此執迷不悔，最終會使他得不償失。

剛開始的時候，別人對他的態度會影響他的思想，讓他搖擺不定，矛盾重重。然而很快地，他會找到導致這種局面的真正原因，那就是：他的虛榮心和私心，他期待被認同，期待別人欽佩的目光。這個原因被他找到以後，他的覺悟提高了，再也不受任何人的影響，開始擁有堅定的立場，並且不斷地淨化自我。

邁開勇敢堅定的步伐，拋開朋友的勸誘和敵人的嘲弄，朝著內心的渴望與追求，堅持不懈地奮鬥吧！在未來的日子裡，用充滿愛的眼睛注視自己的遠大理想，讓無私陪伴在自己的身邊，不斷沖刷內心欲望留下的汙點，儘管有時候很累，但是他可以打起精神，昂首挺胸繼續前行，儘管有時候會跌倒，但是他可以立刻爬起來，拍去身上的灰塵，微笑面對那些障礙。從欲望的戰場上傳來的頻頻捷報，為他日後征服那個追逐私利的自我奠定堅實基礎。

走出欲望之谷

穿過欲望的山谷，他來到一片田野上，那是充滿悲傷與孤獨的田野。他的欲望已經徹底退出他的人生舞台，他頭上的天空已經慢慢泛白了。然而就在此刻，他第一次感到孤獨的風向他襲來。站在這片田野上，他的面前是直插雲霄的山峰，山峰頂上星光閃爍；他的身後是之前穿越的山谷，那裡有一座他曾經居住過的城市，歡聲笑語夾雜在車水馬龍中，那裡有他熟悉的大街小巷，還有他的朋友們，他們在那裡尋求他們各自的歡樂，但是現在，只有他孤單地向前走。

身後的那座城市是欲望之都，面前的山峰是自我克制之山，追求者回顧身後那座欲望之都的時候，清楚地看到那裡的所有爭鬥都是毫無意義，不再迷戀那裡的任何事物。他在這片孤獨的田野上，一邊品嘗孤獨的滋味，一邊咀嚼其中的奧秘。他溫和的內心盛開同情的花朵，暴躁的雜草枯萎了，仇恨的花朵也枯萎了。這一切，讓他看到美麗，看到希望。他對每個生命體做出的努力與經歷的苦難有新的認識，他徹底明白並且掌握以後，孤獨與悲傷的風再也無法傷害他，他的內心已經被滿滿的愛溫暖著。

而且，也就是從這裡開始，他逐漸察覺並且理解那些主宰個人或國家的定律，現在的他已經脫離低級的爭鬥，拋棄內心的自私，面對這個世界的爭鬥與自私的時候，會理智地分析它、理解它，明白在這個世界上發生的所有苦難都是自私導致的。

他再次面對周圍的人們或是這個世界的時候，他的態度改變了，不再冷漠無情，不再唯利是圖。他開始同情弱者，關心別人。這個時候，世界及別人對他的態度也發生相應的改變。也就是在這個關鍵時刻，他真正意識到競爭是多麼愚蠢的行為，不可能讓自己再次陷入這種愚蠢尷尬的境地。他開始用無私的目光默默地鼓勵別人，鼓勵他們不斷取得進步。甚至有必要，他還會用自己的愛感染別人、幫助別人，即使那些人是與他競爭的自私人。

穿越悲傷地帶

長此以往，他取得的進步也明顯增多。那些曾經嘲笑過他的人們，開始尊重他，開始接受他，開始愛上他。就在這個時候，他突然發現自己的人際圈更純潔了，他成為許多人學習的榜樣，無論是周圍的人或是那些慕名而來的人都願意聆聽他的教誨，不斷吸收他身上的真善美，開始淨化自己。精神夥伴與友善的兄弟關係成為他人生的專利，穿越悲傷地帶的他，從此不再孤獨。

思考的人

他已經對低級的競爭定律免疫了，現在的他已經練就百毒不侵的身體。那些低級的競爭定律製造的所有悲慘的後果，都不會在他的生活裡出現。這是因為他已經超越自我，並且在這個過程中孕育一定的思維能量，這些能量可以幫助他的事業蒸蒸日上。

然而，如果他放鬆警惕，就可能會在這條正確的道路上迷失方向，甚至可能重新跌入黑暗與爭鬥的低級世界中。最危險的是：懷疑的誘惑突襲他的時候，他很容易被打倒。

懷疑的沙漠

接下來，追求者來到心靈沙漠，這裡的每一粒沙子都叫做懷疑。他可能在這裡耽誤一些時間，因為這裡被迷霧籠罩，他可能無法辨別方向。他在思考中懷疑，在懷疑中思考，如此反覆，以至於總是在原地徘徊。

他的心開始莫名地顫抖，那是一種陌生的恐懼，他不知道自己追求的道路是否正確。與此同時，世俗的誘惑又穿上華麗的衣裳在他的面前跳舞，向他伸出邀請的雙手，他再次面對欲望對他的考驗。

「這條漫漫長路真的可以走到終點嗎？苦苦地追求是否正確？我可以得到什麼？拋棄舒適奢華的物質生活，真的是明智之舉嗎？我是否會一無所有？付出的那些犧牲不會是無意義的吧？那些貪圖享受的人們，真的不應該嗎？」

這些懷疑與質問才是對他真正的考驗，成功承受這些考驗以後，可以使他對人生的奧秘有進一步的瞭解，與此同時，還可以使他掌握一些在宇宙中產生作用的永恆原則。

所以，沙漠中的黑暗可以使他產生一些錯覺，他把這些錯覺和自己的理想進行仔細地對比和分析以後，哪些是真？哪些是假？一目瞭然。虛幻的錯覺與真實的理想顯而易見，曇花一現的表面現象與永恆存在的原則也現出真面目。

沙漠中那些懷疑的沙子會在他的面前呈現各種幻象，不僅可以迷惑他的雙眼，也可以迷惑他的內心，這是因為在他的思想和情感中還存在某些不確定。在這場他與幻象之間的戰鬥裡，他必須透過不斷培養自己更敏銳的鑑別力與洞察力，並且使自己的頭腦更平靜、內心更堅定，只有這樣，才可以破解懷疑沙漠中的那些虛幻。而且在戰鬥中獲取的能量，可以在日後幫助他準確無誤地辨別精神世界與物質世界的是非。

只有獲取這些能量，並且掌握它們，使它們在自己的聖戰中得以實踐，他才可以走出懷疑的沙漠，走出變幻莫測的迷宮。接下來迎接他的是第二道關口。

在他走進這個關口的時候，他明白自己的未來就在前面不遠處等待自己，他知道自己就要到達自己追尋已久的目的地。蔚為壯觀的高層次人生的殿堂展現在他的面前，透過征服自私而帶來的力量、歡樂、平靜在他的身體裡流淌著。心中想著加拉哈德，他現在終於可以振臂高呼：

「我……看到了聖杯（傳說為耶穌在最後晚餐的時候使用），
神聖的聖杯啊……
在那個遙遠的精神之域，
有人要為我戴上王冠，
因為他知道我可以獲得最終的勝利。」

使思想符合原則

自我征服的旅程又啟航了，這次與以往的任何一次都不同。因為在此之前，他原始的欲望都是依靠他千方百計才得以克服。他追求理想的道路，都是依靠他不斷調整自己的情感才得以前進。但是現在，他的思想覺悟提高了，開始為了自己的理想而調整自己的思想。這一次也是第一次，他真正明白是什麼構成永恆的、不朽的原則，真正是由什麼構成的。

他對自己一直追求的正直有更深刻的認識和瞭解，那就是：正直不會因人而異，但是人們卻會因為它而改變。正直包含所有大公無私、捨己為人的行為。在實際生活中，它主要表現在杜絕所有自私自利的行為。自私存在的同時必然會引出欲望，現在這些都是他不能接受的、必須抗拒的。現在的他有一顆無私的心，享受付出帶來的幸福感，這樣的人生才是完美的。這種人生沒有爭鬥，沒有欺騙，只有無窮無盡的和諧與寬容。人們按照它純潔的要求而生活，所以說這種人生與自私人生是截然相反的。

追求者意識到這些的時候，明白為什麼自己已經擺脫奴役人類的低級趣味，卻仍然被自己的觀點束縛。為什麼自己在世俗的壓力下努力自我進化以後，仍然會被自己一些頑固的觀點或是思想沾染，而且把自己的觀點與真理以及自己追尋的原則混為一談。

準確地說，他還沒有完全超越競爭定律。假如在他那些比較高級的思想王國裡發生傾軋爭鬥的時候，他還是受制於它，聽從於它，而且他固執己見，認為是別人的觀點出現問題，他自作聰明，對別人正確的觀點嗤之以鼻。然而現在的他，終於明白那是自私的另一種微妙的表現，將會給自己帶來怎樣的苦難。這個時候，他使自己具備準確無誤的鑑別力。他鄭重地點了點頭，毅然走過通往最終平靜的第二道關口。

陳舊的觀念毫無價值

他用樸實當針，謙遜當線，為自己的心靈編織一件充滿能量的衣衫。他聚集自己所有的精力，向躲藏在自己體內的那些保守陳舊的觀念宣戰。

他明白真理是永恆的，自己與別人的觀點是善變的，重要的是：他學會如何區分兩者。

他自己的觀念，例如：善良、純潔、同情弱者、關愛別人，這些他具有的觀念與這些品格的本身是截然不同的。也就是說，這些品格應該是原則，必須遵循。觀念隨時可能改變，曾經的他只會以自己的觀念為傲。如今的他，明白兩者之間的本質區別，所以陳舊的觀念在他的心中已經毫無價值。

脫離陳舊觀念束縛的快樂

這個時候，他會遵循那些美好的原則，堅持那些純潔、智慧、同情、關愛的神聖定律，不僅僅把它們當作一種思想，而是讓它們在自己的人生中得以展現，得以實踐。

他堅持神聖的正直，很快成為一個非凡脫俗之人。他撥開欲望的烏雲，不再把時間浪費在猜測哲學之上，刪除那些困擾自己、阻礙自己進步的雜念，因為那些無用的東西佔用自己太多的精力和時間，會使自己陷入雲霧繚繞的境界。

今天，他拋棄所有陳舊而無用的觀念以及毫無意義的猜測，以真誠純潔的愛拉開新生活的帷幕。他內心的鏡子被擦洗乾淨以後，照射出來的畫面就會更清晰。他的精神之光也會更強烈，而且開始認識到「自由」的真正內涵。

綻放的愉快之花、平靜之花、美好之花，使他的內心成為一座美麗的花園，使他的人生成為一幅美麗的畫卷。兩者是多麼和諧，多麼優雅。

他現在處於一個世界裡，那裡沒有爾虞我詐，沒有勾心鬥角，沒有悲傷的淚水，沒有焦慮不安，所有低級的競爭定律已經從他的人生舞台退出了，愛的定律成為他人生舞台的主旋律，他就像一個完美的舞者，每個動作都是那麼優美。現在的他，不需要遭受磨難就可以事業有成。

商場上的那些競爭定律，已經無法在他的身上產生任何作用，他的思想不再被它們奴役，他的行為不再受他們控制。現在，他的覺悟提高了，他用純潔的心、智慧的眼，安靜地看待宇宙與人性，看到神聖的宇宙定律正在發揮它的作用。

悲痛的終結

他在苦苦追求這條人生道路的同時，也在孕育自己更高級的思維能量，那些能量包含神聖的耐力、強烈的自制力、深遠的預見力。那種對未來的預見並非世俗中的迷信算命，而是長年累月對生活的感悟、對知識的累積，使他成為一個具有遠見卓識的人。他可以直接感知那些潛

思考的人

藏在人類生活中，對生活或是生命產生作用的因素時，就可以推斷它們會在未來製造什麼樣的結果。

我們每天生活在競爭定律導致的暴力、壓抑、焦慮、狂妄之下，而且都是競爭的結果，也許每個人遭遇的不同，但是性質是相同的。現在的他，已經超越這種定律，所以不必接受這樣的結果。

在他前進的道路上，他看到那些用原則構造的路基是那麼堅不可摧。他不再害怕，也不再猶豫，前面的道路越來越清晰，黑暗的邪惡無法再侵犯他的領土，那裡的天是藍色的，地是廣闊的。懷揣著這份美好，他迎來無限平靜的黎明。

但是，現在的他仍然是旅途中的人，還沒有到達終點，他還不是完全的自由之身。他可以隨著自己的心意，停留在原地。然而在最後，他可能需要付出雙倍的努力，才可以到達他的目的地，那個藍天碧水的完美人生。

他還沒有完全消除個人的狹隘思想，還保留一絲對私利的興趣。假如他可以意識到這些思想，這類興趣必須被毫不保留地全部拋棄，在他的面前就會出現他必須穿越的第三道防線，那就是克服自私，消除自我。

在這道防線的那邊是許多耀眼的光芒，原來那是來自神聖的榮譽之杯。它是如此地壯觀，無法褻瀆的美。他再也聽不見其他任何誘惑之聲，他的眼睛裡再也容不下任何懷疑的沙子。他滿懷喜悅，踏著堅定的步伐靠近它。

曾經的他認為追求私利是理所當然的，如今的他有新的理解與認識，知道自己不能把任何東西據為己有。他靠近這道防線的時候，守衛者告訴他：「放棄追求個人財富，把你擁有的財富無私地奉獻給需要它們的貧困之人，你才可以進去。」

跨越這道防線以後，他才是真正獲得自由，才可以擁有榮譽的光環。他為自己的心靈找到一個溫暖純潔的家，為自己找到真正高尚的人生，正直的人生，也為自己找到平靜和諧的生活。

篤信者必將步入理想王國

這個歷程也許是艱辛而漫長的，也許是平坦而快捷的。也許有些人花上一輩子也無法走完，也許有些人花費一分鐘就可以到達。這都是由追求者的信念和他付出的努力來決定。然而，大多數人因為缺乏信念，不夠堅持，所以無法到達終點。一個不相信正直的人，怎麼會去追求正直的人生？又如何成為一個正直之人？

其實，想要成為一位正直之人，不需要到深山野林修煉，也不必為它放棄工作、荒廢學業。但是，假如人們只是抱持追求私利的願望去工作和學習，不可能成為正直之人。有些人在面對真理的時候有堅定的信念，所以可以超越所有自私的想法與行為，讓自己的內心充滿神聖無私的愛。

所有抱持堅定信念追求理想的人，只要可以在世俗的泥潭中保證自己不被汙染，任何時候都不動搖自己的信念，堅持不懈地「追求完美」，他們距離勝利只是時間的問題而已。

到達完美境界

如此多的事實告訴我們，人們可以自由支配某些力量的時候，就會發現存在於那些力量的領域中的定律。他們仔細觀察它們的因果運作，細緻分析，進而深刻地理解它們。最終，他們明白這些定律對人體的作用，明白其具有調整自身的功能。

其中最關鍵的是：他們明白那些控制人們行為的定律對人們的思想有怎樣的影響。也就是說，人們的行為直接受到那些定律的控制。然而，人類透過不斷地努力，自我完善，克服內心的自私，就可以超越那些曾經控制他們的定律。

簡單地說，就是把性格中不和諧的東西剝開，只保留那些使人愉快的、純潔的部分。就像把一組複雜的資料用一個簡單的圖像表現出來，這樣人們就可以輕易地找到那些重要而不可改變的原則。最後，人們會發現這些原則其實都是來自一個偉大的原則，也就是我們所說的「愛的原則」。

對別人的同情

人們的思維變得單純了，他們的精神世界也就平靜了，此時他們真正的人生之路才開始。他們回頭看曾經在那條自私之路上艱難爬行的自己，會感歎往事不堪回首。他們用智慧的雙眸向周圍看的時候，發現仍然有很多人在重複自己走過的路，那條路布滿荊棘，一片死寂。

然而，就是在這條道路上，仍然有那麼多的生命只為獲得更多的物質財富而陷入相互爭鬥中，毫不留情地彼此傷害，在他們的眼中，物質的價值勝過生命，為了可以使自己獲得更多的物質，貪婪的心已經把寶貴的生命踐踏在地。他們慶幸自己已經退出充滿罪惡的戰場，也同情那些還在戰場中煎熬的人們。他們盼望這些人可以早日醒悟，也堅信人性的美好遲早會把這些糊塗的人叫醒。

當初，他走在人生旅途的起點上，也曾經被強烈的孤獨感包圍。那個時候，周圍的人似乎拋棄他了。今天，他具備純潔美好的人性，站在人生之路的最高境界，已經脫胎換骨了，此時的他最堅強。善良的種子已經在他的內心生根發芽，開出同情的花。他可以無私地幫助不幸之人，也可以為成功之人歡呼。因為他已經不僅僅考慮自我生存，感覺到自己已經沐浴在理性的光芒之中。

他不再活在自我的世界裡，現在他的世界裡，都是別人的身影。他無時無刻都在為別人著想。這是偉大而幸福的人生，是高尚和諧的人生。

他曾經在過去很長一段時間內努力尋找同情、關愛、真理，現在他把這些都表現在自己的行為舉止中，自己的生活中。可以這麼說，他身上所有自私的元素全部被刪除，取而代之的是無私的品格。他不再執著於追求自己的私利，不再為那些毫無意義的物質費盡心思。現在，他的事業、他的世界都被無私的品格與原則的光芒照耀，他的人生在那些光芒的照耀下更美麗動人。

他堅決否定那個曾經自私的自己，現在的他始終讓同情心與愛心陪伴在自己的身邊，他受到最偉大的定律的保護，那就是愛的定律。他理解這個定律，一直遵循它。他已經把自己融入其中。

原則是永恆的真實

「只有超越自我，才可以使自己非凡脫俗。」品格高尚之人、具有遠見卓識之人、充滿同情心與愛心之人，這些人的內心都有一把真實、堅固的保護傘，他們可以保護自己，不受外界的誘惑。

他們的內心世界是一座由歡樂和平靜構築的美麗城堡，因此他們不必再向外界尋找快樂的

思考的人

泉源。他們內心神奇的城堡為他們準備了需要的一切，因此他們不必再和別人競爭。為了別人的利益，他們可以做到自我犧牲，這樣的人還需要和別人爭什麼？搶什麼？他們擁有智慧，所以不會陷入盲目的陷阱裡，也不會陷入毫無意義的競爭中。

拋棄那個曾經自私自利的自己，他現在擁有一個全新的愛的靈魂，愛以及因為愛而開的花結的果都會在他的人生中得以展現。現在的他可以欣喜地宣稱：

我那顆自私的心已經被埋葬，
我換了一顆生機勃勃的同情；
我那套自我的舊衣已經被撕毀，
我穿上完美絢麗的愛的霓裳。
我已經實現偉大真實的理想，
我不再漫無目的地四處流浪。
我在美麗的世界裡歡快跳舞，
痛苦悲傷的夢魘已經煙消雲散；
我沐浴在平靜和諧的春風裡，
混亂的景象已經成為歷史一章。

井然有序的生活已經拉開帷幕，
撥開被錯誤籠罩的層層烏雲，
我見到偉大神聖的真理之光，
愛是一個至高無上的定律。

我們已經找到和諧的原則、正義或神聖的愛，它們都以原始的面目顯現於世間，自私及個人的觀念已經不能再扭曲它們。宇宙是一體的，多種多樣的運作都展現一個至高無上的定律。

在之前談論定律的時候，我曾經把定律分為高層次和低層次兩種，其實這樣的區分是十分必要的；現在我們已經步入殿堂，所有在人生中產生作用的力量清晰可見，實際上那只是一個至高無上的愛的定律的多種表現。由於這個定律在發揮作用，所以遭受磨難並且戰勝磨難的人們可以淨化自身，進而成為明智之人，並且把精神世界中的自私徹底清除乾淨。

愛是宇宙的定律與基礎，所有自私自利的行為及思想因為違背愛的定律，故而它們註定要結出苦果。這種情形的出現，正是因為宇宙為了保持其和諧完美，不斷進行調整的緣故。因此，所有的磨難都因為違背愛的定律，智慧在這種痛苦的磨難中最終得以顯露。

無私的愛，提供所需的一切

有一個世界，那裡不存在爾虞我詐、不存在自私自利、不存在猜疑嫉妒，那裡沒有痛苦的土壤，也沒有悲傷的空氣。那裡是真正的世外桃源，一切都是那麼安定和諧。生活在那裡的人們都有一顆偉大的愛心，他們的身體裡流著智慧的血液，不會受到愚昧低級的定律支配。他們在自己的人生道路上，用那顆愛心散發出來的光芒照耀所有的人。

他們明白人生的真諦，明白他們自己就是生活，所以不會為了生計被那些無意義的物質奴役。這個世界裡的人們不需要為了物質而爭鬥，因為這是一個非常富裕的世界。

無論他們進行什麼工作，他們生活的世界裡會為他們提供所需的人力物力，他們的朋友會無私地幫助他們，有些朋友和他們生活在同一個世界裡，有些朋友正在努力成為這個世界的成員。有了他們的幫助，所有工作都可以順利進行。

在愛的國度裡，愛的定律會提供人們需要的一切。在自私的圈子裡掙扎的人們，卻必須透過各種方式的爭鬥、經歷痛苦和悲傷，才有可能得到他們想要的。被愛包圍的人們，已經把自私從他們的生活中斬草除根，所以無論他們的精神或是現實生活，都可以稱心如意。自私是導致所有爭鬥與苦難的罪魁禍首，是所有痛苦的泉源，關愛是所有平和與幸福的根本原因。

理想境界中的寧靜安詳

不是說生活在理想世界裡的人們可以不勞而獲，只是說他們生活在平靜中，他們的生活是在和諧的氛圍中進行的。事實上，他們那種生活才是真正的人生，真正的人生應該是無私的、愉快的。那種被憂傷、不安、自私困擾的人生，是不真實的人生。

他們堅守在自己的崗位上，盡職盡責地工作、勞動。他們的工作就是建造一個正直的世界，他們的任務就是掃除所有人內心自私的塵埃。

他們不惜犧牲自己的利益幫助需要幫助的人們，用無私的愛撫平那些受傷的傷痕，奉獻自己的智慧拯救那些深陷苦海的生命，用善良的心建構一個和平的世界，為了自己的理想努力不懈。

他們的生活隨處可以聽見歡歌笑語，他們遠離懷疑的沙漠，穿越所有悲傷的地帶，雖然在他們的周圍還有很多人在苦難的泥潭中掙扎，但是他們知道，只要那些人可以堅定自己的信念，做好所有努力準備進入這個歡樂的世界，他們最後都可以實現自己的願望。

生活在理想境界中的人們

居住在理想世界裡的人們，擁有讓人羨慕的完美人生。他們的精神果實落地就生根，隨後

思考的人

在他們的人生道路上開出許多愛的花朵、歡樂的花朵，最重要的是，這些花朵又會孕育出善良溫和的果實。他們品嘗這些美味的果實，空氣中瀰漫清新淡雅的花香，他們不再暴躁，不再害怕，不再悲傷。他們在理想的天空中自由翱翔，在誠實的大地上盡情奔跑，在正直的田地裡勤懇耕耘，他們身上的那些高貴品格是那些自私自利之人無法擁有的。

他們不再追求位高權重的生活，不再害怕被傷害，不再被毫無休止的競爭糾纏；他們善待那些曾經企圖傷害他們的人，公平對待所有反對或是支持他們的人，用微笑的臉孔面對生活中所有的不如意，用善良的心溫暖所有冷血的人們。

居住在這個理想世界裡的人們，他們種下善良的種子，就可以收穫甜蜜的果實。他們用寬容的心對待別人，就可以獲得別人的尊重。理想世界裡所有高貴的品格就在他們自己身上，所以他們可以在這個世界裡暢行無阻。但是這個純潔的世界有層層關口，那裡有重兵守衛，所有自私的思想和行為都休想闖入，所有骯髒的欲望都無法滲透。

那些渴望進入這個世界的人們，心甘情願地拋棄自私的自己，拋棄所有這個世界不允許的東西，最後都可以獲得進入的資格。

「假如你覺得自己不夠完美，就從現在開始，拋棄一切有瑕疵的東西，無論是內心的，還是外在的，然後盡自己最大的努力去淨化自己。」在這個世界上，有許多在不幸的生活中掙扎的人們，並非因為他們在物質上匱乏。有一句話不是這麼說的嗎？「之所以痛苦，不是因為擁有的太少。」

確實，擁有太多的財富就會難以打理，擁有太多的恐懼就會難以行動，擁有太多的競爭就會永無寧靜。事實上，這些人不富裕，他們在精神上可以說是一無所有。

那些願意進入這個世界的人們，在付出必須付出的代價以後，這個世界會向他們敞開大門，歡迎他們。前提是他們要有堅定的信念，他們的所有行為都要聽從這個信念，假如他們願意拋棄所有自私的思想，克服所有自私的習慣，很快可以進入這個世界。反之，如果他們的信念不夠堅定，在他們的面前就是一條漫漫長路，必須經過不斷地努力，逐漸克服自私，必須經歷許多痛苦的洗禮，才可以超越自我，才可以看見敞開的大門。

現在，這座由純潔、智慧、同情、關愛搭建的殿堂已經竣工。它的屋頂上覆蓋著平和的琉璃瓦，如此通透明亮；它用堅定鋪成結實的地磚，每一塊都是堅硬無比；它用無私的責任砌成高大的殿門，神聖不可侵犯；殿堂內的每股氣息都讓人熱血沸騰，殿堂內響起的每個音符都是一首完美的天籟之音。

它的不可動搖性、永恆性、堅不可摧性，促使它不再尋求任何形式的保護。在人們的心中搭建這個理想境界，所以人們不需要考慮生活的物質必需品，如果人們進入理想境界中，所有的一切都會作為原因的結果被補充進來。我們不必再為生存進行爭鬥，富足的宇宙會為我們提供精神、思維、物質需求。

心學堂 31

思考的人

企劃執行　海鷹文化
作者　詹姆斯・艾倫
譯者　尹蕾
美術構成　騾賴耙工作室
封面設計　ivy_design
發行人　羅清維
企劃執行　張緯倫、林義傑
責任行政　陳淑貞

出版者　海鴿文化出版圖書有限公司
出版登記　行政院新聞局局版北市業字第780號
發行部　台北市信義區林口街54-4號1樓
電話　02-2727-3008
傳真　02-2727-0603
E-mail　seadove.book@msa.hinet.net

總經銷　知遠文化事業有限公司
地址　新北市深坑區北深路三段155巷25號5樓
電話　02-2664-8800
傳真　02-2664-8801

香港總經銷　和平圖書有限公司
地址　香港柴灣嘉業街12號百樂門大廈17樓
電話　（852）2804-6687
傳真　（852）2804-6409

CVS總代理　美璟文化有限公司
電話　02-2723-9968
E-mail　net@uth.com.tw

出版日期　2024年07月01日　一版一刷
　　　　　2024年07月31日　一版五刷
定價　380元
郵政劃撥　18989626　戶名：海鴿文化出版圖書有限公司

國家圖書館出版品預行編目（CIP）資料

稻盛和夫推薦必讀：思考的人
／ 詹姆斯・艾倫作 ； 尹蕾譯.
-- 一版. -- 臺北市 ： 海鴿文化，2024.07
面 ； 公分. -- （心學堂；31）
ISBN 978-986-392-526-2（平裝）

1. 思考　2. 自我實現　3. 生活指導

177.2　　　113007849